# 上海 24
# SHANGHAI 24

徐洁　支文军　主编

上海社会科学院出版社

**图书在版编目（ＣＩＰ）数据**

上海24 / 徐洁，支文军主编. ——上海 ：上海社会
科学院出版社，2010
ISBN 978-7-80745-694-0

Ⅰ. ①上… Ⅱ. ①徐… ②支… Ⅲ. ①上海市—概况
Ⅳ. ①K925. 1

中国版本图书馆CIP数据核字（2010）第102749号

## 上海24

主　编：徐　洁　支文军
策　划：徐　洁　支文军　沈忠海
摄　影：沈忠海　徐　洁　吕恒中　陈伯熔
编　委：徐　洁　支文军　沈忠海　林　军　邓耀学　陈向东　金军
合编机构：时代建筑
　　　　　媒地文化传播
　　　　　上海大境建筑设计事务所
　　　　　上海江南建筑设计有限公司
翻译：媒地文化传播
英文校对：媒地文化传播
版式设计：许萍　杨　勇
版式制作：媒地文化传播
责任编辑：张晓栋
特约编辑：林　军
封面设计：媒地文化传播
出版发行：上海社会科学院出版社
　　　　　上海淮海中路622弄7号　电话 63875741　邮编 200020
　　　　　http://www.sassp.com　E-mail: sassp@sass.org.cn
经　　销：新华书店
印　　刷：上海当纳利印刷有限公司
开　　本：140×196毫米　1/32 开
印　　张：12
版　　次：2010年7月第1版　2010年7月第1次印刷

ISBN　978-7-80745-694-0 / K·113　　定　价：58.00元

# 上海 24
# SHANGHAI 24

徐洁　支文军　主编

# 序言：
# FOREWORD:

24小时一天，是工业时代西方时间与效率的标准；

24节气一年，是农业时代中国文化与传统的智慧；

24代表了轮回，周而复始的新陈代谢。

《上海24》就是以此为基点，选择了大上海城市的24个点，代表上海百年的成长与更新，本土与外来的冲突与融合。我们试图以不一样的立场与视角，对这座深具时代潮流感，被反复咀嚼解读了无数次的时髦都市，进行一次不同以往的寻找和探究。上海的层次实在太丰富了，我们希望通过极富时代精神的建筑、建筑群以及各有特征的城市空间，来呈现一个特立独行而又亲切自然的上海，希望以拼图的方式，从不同侧面展示上海的城市与建筑风貌，更加接近上海的真实图景。

本书的章节，分别以"上海山水"、"上海中古"、"上海新尚"、"上海脉动"，来串联起这座城市的风貌与特征，构建起上海丰富多姿的画面。

"上海山水"，上海的高楼和母亲河，城市与自然，代表大上海作为国际大都会的高度和广度；

"上海中古"，近现代上海的中华传统底蕴和外来文明浸润，代表了上海的深度；

"上海新尚"，新上海不断创新的尝试与怀旧时尚的个性，代表了上海的态度；

"上海脉动"，大上海生机勃勃的发展和永不停歇的雄心，代表了上海的速度。

这是一本以图片为主，图文并茂的图书。大量的图片、罗列的关键词、简练的文章，呈现一个多样的上海，引领读者轻松阅读、快乐体验。数百张照片，总会给人惊奇的视角和带来意外的发现，既有远距离、高视点的全景镜头，也有大量精彩的特写镜头。文字则试图从城市、建筑、设计和历史人文的高度来解读上海。它是高品质的，但也是大众的；它不是专业读物，却也精致可收藏。

# 上海
## SHANGHAI SCENERY

**远近高低各不同**
**Differ with Dimension**

## 上海"新尚"　　*SHANGHAI FASHION*

## 上海"脉动"　　*SHANGHAI PULSATION*

## 后记

# 目录

## 序言

A day with 24 hours symbolizes the efficiency standard in the western industrial age;

A year with 24 solar terms epitomizes the traditional wisdom of Chinese agricultural age;

The number 24 represents transmigration and cyclical metabolism.

'Shanghai 24' has selected 24 spots in Shanghai which reflect the maturation progress of the metropolis. What we tried to do is puzzling up an authentic picture of Shanghai, through architecture, architectural complexes and distinctive urban spaces.

There're 4 chapters: Shanghai Scenery, Shanghai History, Shanghai Fashion, Shanghai Pulsation. Shanghai Scenery includes high-rises and the Mother River in Shanghai. Shanghai History are those modern Chinese traditional spots and areas. Shanghai Fashion consists of the innovative and reminiscent fragments at present. And the last chapter Shanghai Pulsation reveals the speed of vibrant and incessant development of Shanghai.

This book is mainly composed of numerous pictures with key words and concise essays. It's not too professional for appreciation while still refined enough for collection.

# 黄浦 江
## HUANGPU RIVER

大上海的母亲河
**Mother River of the Greater Shanghai**

线。从上游坐船，随着船的悠游而动，看两岸
建筑参差屏立，水上船只来往穿梭，空中海鸥
展翅飞翔……更能体味城市的风貌。透过荡漾
的水波，两岸的繁华，变得清丽而高贵，两岸
的喧嚣，变得沉着而宁静，一个宽阔大气、平
远悠长的"海上海"扑面而来。

**Shanghai: View of "Peaks"**

With a bird's-eye view of Shanghai, you will
marvel at the high-rise buildings and skyscrapers
dotted around the metropolis like hills and peaks.
For the height and distance between, the whole
territory can been involved in one simple glance,
profound and inclusive. Being out of it, you may find
it novel to observe a city in the air. The best spots
to overlook Shanghai definitely would be the Three
Musketeers in Lujiazui of Pudong New Area: the
Oriental Pearl TV Tower by Huangpujiang River, and

the Jinmao Tower observation deck, and the World
Financial Center observation deck, the current
apogee in Shanghai.

**Shanghai: Affinity with "Water"**

If hills and peaks render the city lofty and
majestic, then water adds grace and profundity
to it. The two rivers running through Shanghai,
Huangpujiang River and Suzhou River, are just like a
harmonious couple. The Huangpujiang River is the
man while the Suzhou River is the woman that leans
on it.

Water is always the key to urban development,
and meanwhile the attractive scenery in city. It's
advisable to take a vessel rowing along the river
through the city, with brand-new perspectives to
both sides. The Greater Shanghai turns out to be
sedate and calm.

水是都市发展的命脉，都市因水而生，因水而兴。世界名城大多有一条河流贯穿其间。比如巴黎的塞纳河，伦敦的泰晤士河，纽约的哈德逊河，而开阔大气的黄浦江就是大上海的母亲河，它荟萃了上海城市景观的精华，是上海的象征和缩影。

追溯上海的发展历史，从滨海小渔村，到松江府的小小县城，后而一跃成为远东第一都市，上海的城市起源和早期发展离不开河流。我们的古代先民选择了黄浦江、方浜河的交汇处聚居，因为偏爱风平浪静的小河，上海老城（今天的豫园城隍庙地区）沿着方浜河流域扩展；跨海而来的西方列强则选择了一马平川的黄浦江滩（外滩）。黄浦江开阔大气，奔流入海，与横贯九域的长江相连，与浩瀚的太平洋相接，兼有通江接海的开放气质。

十里洋场的外滩沿着黄浦江西岸江滩铺张开来，是上海最美丽的风景，最精致的象征。充满异国情调的洋行大厦群，浓缩着上海开埠以来东西交汇、华洋共处的上海历史，记载着这个一样奇美的城市的血腥与耻辱、自由与新生。而代表上海近现代工业文明的"大工业"，也落户于黄浦江畔，巨大的塔吊、船坞、轮船、码头和成片的厂房，散发着工业重地强烈的威严感和生命力，勾勒出黄浦江岸南端独特的轮廓线。中西文化在这里碰撞冲击，形成了大上海"海纳百川、开放大气"的城市文化特征，成就大上海远东第一都市的荣耀。

20世纪90年代上海迎来了第二次发展浪潮。面对城市的扩张版图，黄浦江对岸的浦东成为首选，从此诞生了高楼林立的陆家嘴"国际金融中心"，与外滩老洋行隔江对望，向各方延伸的马路从陆家嘴出发，随着拔地而起的浦东新区萌生蔓延。而黄浦江沿岸的工业建筑群，也变身为"2010上海世博会场"，成为未来上海的文化、会展、休闲活动集聚区———个珍藏城市记忆的公共亲水空间。

今天的黄浦江是大上海的景观长廊：横跨浦江两岸的杨浦大桥、南浦大桥，像两条巨龙横卧，浦江西岸一幢幢风格迥异、充满异国色彩的新古典主义建筑，与浦江东岸一幢幢拔地而起、高耸云间的现代建筑相映成辉，令人目不暇接……

历经百年沧桑，黄浦江始终以其独有的气势陪伴大上海的成长与发展。从这里可以看见上海的过去、现在，更可以看见上海的明天。

Nearly every great city in the world has a Mother River running through, so does the Huangpu River of Shanghai. Even when Shanghai was a tiny coastal village, then a small town of Songjiang county seat, and afterward the largest metropolis in the Far East, river had always been essential to its development as the hallmark and epitome of Shanghai.

In each period of the developing Shanghai, most of the significant projects were built along Huangpu River, some of them truly became the best known spots or the turning point of Shanghai's history. In 2010, the World EXPO Shanghai would also be held along the river. It's gathering plenty of world-famous incidences with more and more attention and yearning.

For more than a hundred years, Huangpu River has witnessed the progress of Shanghai development. Right here you can see the past and present of Shanghai, and see the future with certainty.

P16～17：清晨的微明中，黄浦江东岸陆家嘴的剪影，宁静而恢宏。

**本页**：在宽阔水域的映衬下，浦东如同一个海上新城，展示了海纳百川的气魄，充满了自然神奇的魅力。

P20～21上：迤逦而来的黄浦江在这里拐了一个近九十度的大弯，留下一片突出的冲积滩地，孕育了浦东发展的新起点「陆家嘴」。清晨的漫天霞光中，浦江两岸的建筑遥遥相对，演绎着上海的城市交响。

P20～21下：滔滔黄浦江上，一桥飞架，宛如一条昂首盘旋的巨龙卧江。南浦大桥，黄浦江上第一座跨江大桥，连接起浦东和浦西，为浦东大开发插上了翅膀。

**上：**傍晚，黄浦江面泛着金光，暮色中的上海，平静而柔和。从轮渡上回望浦西，秀美的建筑轮廓层层叠叠，水平延伸，这就是水上的上海。

**下：**黄浦江上的仿古游船，往来于老外滩、新浦东与南外滩之间，穿越两岸的时代变迁。

P22～23：清晨，乘坐轮渡看外滩，空气澄明，江水湛蓝，万国建筑沐浴在清朗的朝阳中，呈现出上海城市的另一面：清新、宽广、博大、充满朝气。

**本页上**：南外滩的现代摩天楼，从水面上拔地而起，延续了外滩的功能。

**本页下**：延安东路外滩的这组建筑，成为老外滩的过渡，向南外滩延伸。

**左上**：从轮渡上看上海，两岸建筑由远及近、由近及远，在渐远渐近的疏离中，更能发现城市的另一面。

**左下**：陆家嘴的东昌路轮渡码头。

**右上**：晨曦中的过江轮渡，江面波光粼粼，船中乘客疏疏。

**右下**：从轮渡上眺望，清晨的陆家嘴处于背光之中。高耸的环球金融中心和金茂大厦，如双峰并立，直指苍穹。

P30～31上：浦江之水自淀山湖迤逦而来。

P30～31下：浦江之水滚滚而去，汇入长江，奔向大海。

**本页上**：从外滩3号的新视角餐厅眺望，醉人的浦江夜色尽收眼底，如梦似幻，浮华璀璨。而璀璨夺目的背后，则是绵延无边的水天一色，是深邃幽远的浓郁蓝调，是夜上海的灵魂底色。

**本页下**：外滩，就像一弯月牙坐落浦江西岸，夜上海的魅力无限聚焦于此。

P33～34上：天高云淡，宽阔的江面向远方延伸，浦东、浦西在水中连成一体。

P33～34下：陆家嘴的滨水区域，鳞次栉比的摩天高楼各不相让。

每一座城市都会有个独特的地标，之于上海，那无疑是外滩。这个老上海县城外曾经的滩涂之地，日后成为了大上海的发源地，十里洋场就此开辟出一派繁华新世界。一面是流淌千年的浑浊的母亲河，一面是充满异国情调的洋行大厦群，外滩，浓缩着上海开埠以来东西交汇、华洋共处的上海历史，是这座城市风华正茂的往昔。它不仅是上海的符号和象征，也是中国近现代历程的缩影，一个充满各种梦想的寓言，一个讲述传奇故事的地方。

从苏州河上的外白渡桥到金陵东路的起点，外滩像一弯月牙坐落浦江西岸，仅1.5公里长的狭长地带上，荟萃了几十栋风格迥异、气势恢宏的单体西式建筑，糅合出一条色调沉稳、线条挺拔、富有韵律和节奏的天际线。它的起始很精彩，简约洒脱的上海大厦和雄浑有力的外白渡桥，在苏州河口交相辉映；紧随其后是中国银行与和平饭店，修长的立面，比邻而立；而外滩的中央，原汇丰银行大楼和海关大楼则是外滩的精华，前者雍容典雅，宽阔的体量，如冠的穹顶，具有古罗马建筑的豪迈气势，后者雄伟挺拔，高耸的钟楼，希腊式的立柱，有着来自新大陆摩天楼的优雅神采，两者一高一低，一长一狭，如姐妹花盛开。

外滩建筑群虽出自不同年代，众多设计师之手，融入了纽约的元素，巴黎的气质与伦敦的风范等，被誉为"万国建筑博览"，但在色调、结构、轮廓上保持了惊人的统一，成就了相互呼应的华丽建筑景观，呈现出恢宏壮观、大气磅礴的和谐与美感。

从租界时期的东方华尔街，到当下国际金融中心的传统金融区，外滩作为城市的核心，见证了太多的潮起潮落，时代变迁，财富流转。如今，它周围已经发生了天翻地覆的变化，前后左右插满了摩天大楼，只有它凝固在时间里，始终保持着沧桑雄浑，雍容华贵，从不落伍，是上海最经典的历史风貌。

除了高端的商务商业功能，外滩滨江带则成为游客的最爱。改造后的外滩滨水区最大限度地释放了外滩地区的公共活动空间，成为市民、游客的步行休闲区域，一个依傍于黄浦江畔的高品质街区。尤其是夜晚，夜上海的美几乎都浓缩在外滩了，如梦如幻，浮华璀璨，那些古典的建筑在夜幕下被灯光装饰成一座座宝石般的宫殿，与浦江对岸的陆家嘴高层建筑群遥相呼应。

Each city has a unique landmark, which is definitely the Bund for Shanghai. The Bund has been a stage of cultural combination between the East and West, on which shows innumerable legends or magnificent stories from the very beginning.

The Bund starts from the Garden Bridge of Shanghai and ends up at East Jinling Road. crossroad, lasting for only 1.5km, with scores of majestic historic buildings along side. Though the buildings differ from ages, designers and architectural styles, but they are uniform in colors, structures and also the outlines with great harmony. They're even called the International Architectural Exposition.

The Bund, the Oriental Wall Street in the historical period of concessions, has developed into the traditional financial district of Shanghai as a world financial center. Meanwhile it's also the best choice of tourists, especially after the lately conversion. In the night, the Bund appears most splendid and gorgeous with all the lights glittering and the river shimmering.

# 外滩
# THE BUND

## 大上海最美丽的风景线
## The Most Beautiful Scenery of Greater Shanghai

P38~39：从环球金融中心向西，看到的是上海最繁华的城市景色，南京路、淮海路、人民广场、静安寺、城隍庙、五角场、中山公园，甚至虹桥机场起降的飞机，但大都会的开始就是脚下的黄浦江与外滩。

P40~41：夏日的早晨，水天一色，站在浦东滨江带上，隔着旧时的码头与路灯看外滩，无限的清朗与安宁。

本页：外滩中央，浦东发展银行（原汇丰银行大楼）和海关大楼比邻而立，一个雍容典雅，一个挺拔高耸，一高一低，一长一狭，组成了外滩的精华立面。

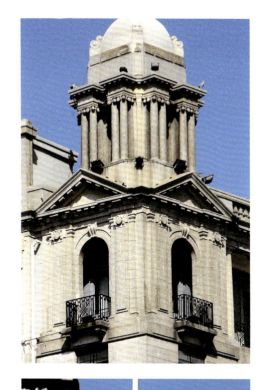

P44：清晨的外滩，是晨练的好地方。黄埔公园广场
上，晨练的人群翩翩起舞。

P45：浦发银行前的金融广场上，一头健硕的"上海金
融牛"气势逼人。

左上：外滩的建筑古典优雅，精致的细节令人回味。
这是友邦大厦檐下的人像形支撑。

左下：浦发银行的门前卧狮。

右上：友邦大厦的顶部塔楼。

右下：浦发银行立面上的细腻线脚。

**P48**：气象台广场上，红白相间的气象屋娇小玲珑，圆柱形的信号塔高高耸立，宛若百年前的东方明珠屹立江畔，兼具历史感和时尚感。

**P49上**：广场绿化。

**P49下**：如今，这座百年气象台的一层是外滩历史陈列室，二层则是开放式的怀旧酒吧。

**本页左，右上**：从高空俯瞰，从外滩轮渡远眺，坐落于外滩南京路起点上的中国银行与和平饭店（原沙逊大厦）比邻而立，修长的立面，不相上下的高度，宛

若两座帝国纪念碑，隐含着旧上海中外帝国之间的抗争与尊严。

**本页右下左**：新建的五星级上海半岛酒店，融入外滩万国建筑群。

**本页右下右**：外滩的起始很精彩，简约尊贵的上海大厦（原百老汇大厦）和雄浑有力的外白渡桥，在苏州河口交相辉映。

**上**：外滩滨江带是游客的最爱，宽大的平台上游人如织。

**下**：经过又一轮精心设计和改造，焕然一新的外滩滨水区，最大限度地释放了滨水公共休闲活动空间。

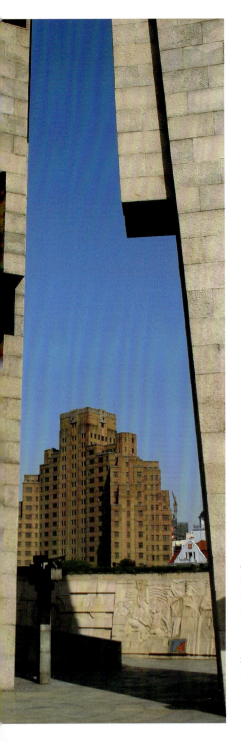

**左**：外滩古典建筑群背后，插满了鳞次栉比的摩天高楼，高低俯仰之间，交相呼应。这座上海总会大厦和背后的外滩中心，一个白色古典，低调奢华；一个白色现代、高调张扬。

**中**：滇池路口新老建筑，清水红砖与暗红的大理石相互呼应。

**右**：透过外滩人民英雄纪念碑的缝隙，遥望上海大厦，雕塑浅黄色的花岗岩与大厦浅黄色的外墙面砖遥遥呼应，色调和谐。

**左**：作为外滩界面的延续和转折，外滩背街从彰显实力的大型金融机构，向朴素平实，洋溢都市生活气息的商业、办公、居住空间过渡。

**右**：大楼外墙清水红砖砌筑，连续的半圆券柱，丰富的砖砌装饰，朴素而不失典雅。

上：南外滩，摩天高楼林立，延伸老外滩的金融服务功能。

下：具有140年历史的十六铺码头，焕然一新，成为现代化的水上旅游中心。

上：北外滩的上海港国际客运中心，拥有880米长的滨江景观岸线。

下：北外滩成为上海国际航运的聚集区，新的客运中心与滨江绿地如同水滴洒落沿岸。

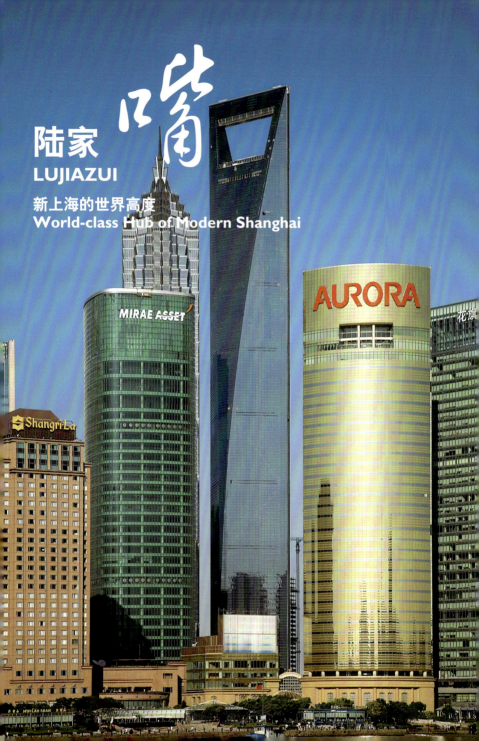

陆家嘴
LUJIAZUI
新上海的世界高度
World-class Hub of Modern Shanghai

浦东陆家嘴，迤逦而来的黄浦江在这里拐了一个近九十度的大弯，留下一片突出的冲积滩地；百年大上海在这里重新起步，面向世界振翅高飞。陆家嘴，大上海改革开放的标志，21世纪新上海的新地标，群群楼宇、摩天大厦和东方明珠交织成一个波澜壮阔的中国版曼哈顿形象工程，成为新上海最具活力的城市高地。

单之蔷说，最能感知新旧时代更替的是城市的天际线，天空与大地相接的那条线比任何理论更能透露时代变迁的信息。城市天际线，表达城市的美丽和文明，侧写出城市发展的历史。百年前，上海老城厢偏于黄浦江的支流方浜河畔，城市的天际线辽远、低矮而平缓。鸦片战争后的上海，成为中国与世界接轨的窗口之一，迅速勾勒出沸腾的天际线：蜿蜒在黄浦江西岸的外滩，荟萃了几十栋风格迥异、气势恢宏的金融建筑，汇丰银行+海关大楼—和平饭店+中国银行—上海大厦，是向上突出的3处最高点，雍容、华贵、中正的建筑载体，糅合出一条色调沉稳、富有韵律的天际线，代表了远东第一都市昔日辉煌，是旧上海的形象标志。

到了20世纪90年代，气势恢宏的造"山"运动，在黄浦江东岸的陆家嘴展开，一幢幢摩天大楼，如雨后春笋拔地而起，负势竟上，互相轩藐。各式各样的"地标建筑"在区域高地上竞相绽放，使该地区在野蛮生长中形成稠密、激烈、混杂、甚至奇幻的空间景象，成为建筑的狂欢舞台。不断生长的超级建筑，不断被改变、被突破的城市天际线，在城市最突出的位置上向世界展示，就好像古代中国防范入侵的长城随山起舞，绵延万里，其象征性和不战而威的气势才是明代再次重修长城的内在动力。

与时俱进的陆家嘴摩天大楼群，成为新上海最不可或缺的风景，尤其是其中顶级的超高层建筑，雍容端庄的金茂和银装素裹的环球；一个是映射古典传统的"大雁塔"，一个是反映西方现代的"几何切割"；一个有着东方的浪漫色彩，一个有着西方的理性光辉。两者并肩而立，直指入穹，远远望去确乎有天国的森然，呈现一种高贵内敛的存在，宁静从容的形象，给天际线增添一种稳重的品质。

俯瞰上海版图，黄浦江就像一条分界线，划分出浦西与浦东、老上海与新上海各自的地盘。浦西的外滩从殖民地时代蜿蜒而来，浦东的陆家嘴则大步迈向未来，所向披靡的强悍天际线，最大限度地诠释出新上海打造国际金融中心的希望与梦想，展现着21世纪大都市应有的雄心与格局。

Situated in Pudong New Area, Lujiazui Finance and Trade Zone symbolizes the "heart" of Shanghai city. It serves as not only the CBD of Shanghai, but also presents the best view of the whole city. That is why is crowned with the honor of Chinese "Manhattan". There are so many famous buildings in the vicinity, such as Shanghai Oriental Pearl TV Tower, Shanghai Global Financial Center etc, which highlight the differences between the new metropolitan center and the past of Shanghai. On the other hand, let's take a look at these skyscrapers. They look like giants standing out so that we all could see what they bring to this city, of course, extraordinary elegance and majesty. Lujiazui Financial Center illustrates the hope and dream of modern Shanghai and showcases the ambition and masterplan of a rising metropolis in the 21st Century.

P64～65：从环球金融中心俯瞰西北，陆家嘴金融城尽收眼底，北外滩上海港国际客运中心隔江相望。

**本页**：陆家嘴中心绿地，一栋栋直插云天的超高建筑，在明澈如镜的水面上投下晃漾的倒影，左起为环球金融中心、金茂大楼，右起为上海银行、交通银行、中国银行等。

**本页**：从黄浦江上远眺陆家嘴金融城，各式各样的
"地标建筑"如雨后春笋拔地而起，在高度上争相比
攀，在外形上争奇斗妍，充满着年轻的躁动和错杂。

**P70～71上**：从陆家嘴中心绿地仰视四周，林立的高
楼又呈现出一种高贵而内敛的存在，宁静而从容的形
象。

**P70～71下**：从环球金融中心的观景台俯瞰，林立的高
楼又成为层层叠叠，密不透风的水泥森林，向远方无
尽延伸。

本页左：夜晚的陆家嘴金融城，流光溢彩，灯光璀璨。

本页右：金融城中心，环球金融中心和金茂大厦，并肩而立，直指天穹。但不久的将来，上海中心又将后来居上，形成三足鼎立的态势。

P74～75：透过环球金融中心顶层观景台的大玻璃窗俯瞰城市。

左、右上：陆家嘴高楼林立，在这些楼间穿行，洒满阳光的光鲜立面和浓重阴影笼罩下的街道广场，明暗对比强烈。

右下：陆家嘴金融城的顶级河滨公寓。

P78～79：陆家嘴滨江亲水平台。

**本页上**：陆家嘴滨江带老码头，成为远眺外滩的亲水平台。

**本页下左**：站在陆家嘴滨江带观景平台上，眺望南外滩新建筑。

**本页下右**：站在陆家嘴滨江带观景平台上，眺望老外滩万国建筑群。

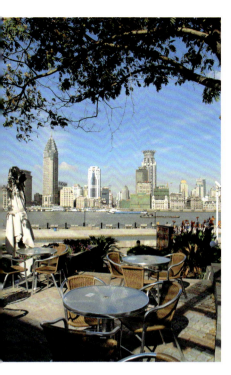

本页：锚链、码头、浮桥，已成为城市文化的记忆，留存在滨江景观带中。

P84～85：透过滨江树影看外滩，是绝佳的视点，能发现不同的一面。

# 苏州河
## SUZHOU CREEK

摇啊摇，摇到外白渡桥
**Carefree Boating across Waibaidu Bridge**

自古以来，江河口就容易做出锦绣文章，舟楫之便，往往带来繁荣。百年来，上海在黄浦江、苏州河里做足了文章。黄浦江、苏州河，与上海这座大都市血脉相连，但江河的不同气质，决定了它们不同的发展路径与历史风貌。

宽广雄浑的黄浦江，象征着大上海海纳百川、积极开放的城市特征，映衬大上海的丰美、精致、蓬勃的生气。一百多年前，西方列强觊觎黄浦江开启这片冲积平原；浦西外滩成为十里洋场的风景线；代表西方文明的大工业项目沿着黄浦江铺展开来。一百多年后，重新开放的大上海再一次选择了黄浦江，在浦东陆家嘴建设国际金融中心的新高地，代表大上海未来发展与梦想的世博会场也落户于浦江两岸。

比起滔滔入海的黄浦江，细长婀娜的苏州河沉静内敛，河上的驳船、桥梁、乡音、身姿有着富于个性的聚散，刻画着城市的灵动与秀美，散落着淡淡的沧桑回忆，在灯红酒绿的都市喧嚣中，顽固地保持它的平和。她如江南邻家女孩，平常中有坚韧的柔美，综合了混搭、错杂的美感，展示着都市繁华背后的真实状态，孕育着开放务实的城市精神。

19世纪末至20世纪初，没有波涛、没有险滩的苏州河诞生了中国最早的纺织、面粉、火柴等轻工业，成为孵化中国民族工业的摇篮。河面上运输黄沙、水泥的小船川流不息，河岸边井井相连，码头相望，低矮厂房仓库，和一片片的石库门里弄、危棚简屋住宅穿插融合，上海新生的民族工业沿着苏州河的脉络蜿蜒舒张，新移民的市井生活也在苏州河两岸蓬勃集聚。苏州河荟萃了大上海的本土资源、民族力量和草根的市井生活。

今天的苏州河两岸，宜居新城拔地而起，亲水平台静静延伸，更加引人注目的是沿岸那些大工业时代的老旧厂房，没有经历多少时代转型的落寞，便在独立艺术家和设计师的手中华丽地转身，兴起各色生命力旺盛的创意园区蓬勃……苏州河，穿越了时间，积淀了岁月，交糅了历史，让生活和记忆成为美好。

而苏州河上最美的风景依然在外滩，在外白渡桥。这座穿越百年的钢架铁桥，经历了搬移与回归，战争与和平。她的一端，连接着美丽经典的外滩，它的网架，映衬着高技眩目的陆家嘴；她的下面，苏州河波澜不惊地汇入黄浦江。她已然成为一个意象，凝固在大上海的新旧风貌中，任由周遭生发变迁。

Suzhou Ceek is often personified as a graceful maiden, who is beautiful, tender and unpretentious. Traversing downtown Shanghai, the creek has prospered the economy of the communities by the riverside. At the turn of 19th century and 20th century, the city was open to trade with the other side of the creek; people initiated flour, textiles, matches, and other light industries. Until today, Suzhou Creek serves as the native channel and boasts one of the most beautiful views of Shanghai city. This river flows onward like a timeline reminding local and foreign people of the city's vicissitudes and prospects.

P88～89：在清晨的微明中，苏州河上的乍浦路桥，是眺望新旧上海的绝佳之处：远处，陆家嘴鳞次栉比的摩天楼笼罩在薄雾中，如海市蜃楼，朦胧虚幻；近处，外白渡桥横跨苏州河口，上海大厦与百年历史的划船俱乐部隔河对望，静谧安宁。

P90～91：午后，站在四川北路桥上东望，隔着乍浦路桥，陆家嘴地标建筑与外滩源老建筑连为一体。

本页：夜色迷离中，外白渡桥被点亮，南北两跨通透的钢架桥身如同展开的双翼，又像是苏河上眩目的舞台，展示着夜上海的迷人魅力。

P94～95：蜿蜒而来的苏州河在此汇入黄浦江，短短的距离，汇聚了外白渡桥、吴淞路桥、乍浦路桥、四川路桥，形态各异，素朴大气，连接沪北、沪东。

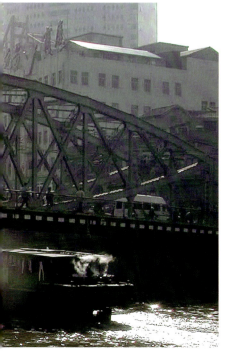

**上**：苏州河上的四川路桥与河滨大楼。

**下**：硬朗大气的外白渡桥，全钢桁架结构，带有工业时代的沧桑气息。

**P98**：苏州河边，上海邮政总局大楼上塔楼高耸。

**P99上**：塔楼上的人形雕塑。

**P99下**：上海邮政总局大楼，四川路桥和远处的新亚饭店。

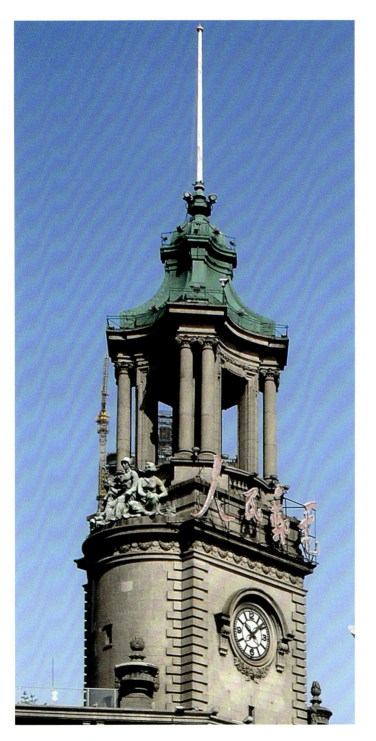

**左**：苏州河在清幽的色调中，散发出不尽的乡愁与怀旧。河上的那些桥，河畔的那些老建筑、旧仓库，沉淀了这个城市多少繁华、往事和传说。

**右上、中、下**：苏州河畔的新旧建筑。

崇明

CONGMING ISLAND

生态城市，上海未来的低碳绿岛
Eco-friendly Wonderland with Low-carbon Lifestyle

**本页**：夕阳西下，苏州河中段古北路附近的长风生态园归于沉寂，游艇码头静谧安详。

P106～107：午后的阳光，照亮了长风河滨公园。苏州河沿岸的新老建筑，随着苏州河的弯曲，变幻着不同的城市表情。

**左上**：苏州河中游段，宜居新城拔地而起。

**右上**：苏州河下游河口，四川路桥桥头，上海邮政总局大楼屹立。

**下左、右**：河南路桥桥头，老式的河滨公寓首尾相连。

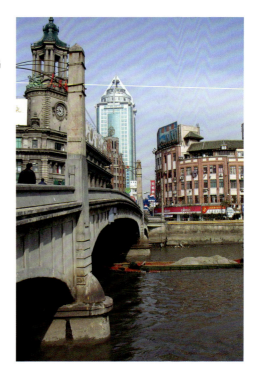

崇明岛，被誉为"长江门户，东海瀛洲"。它地处长江入海口，东濒东海，北与江苏一衣带水，南与上海隔江相望。它四面环水，位置迁移不定，形状涨坍无常，千百年来，始终处于嬗变中，俯仰之间或沦为烟波，踪影皆无。

"海客谈瀛洲，烟涛微茫信难求。"因为隔着江海，这个与大陆一衣带水的小岛，被城市化、工业化遗忘，海静天高、水洁风清，到处是未经人工斧凿的天然风光。尤其是广袤无垠的滩涂湿地，芳草萋萋、鱼翔浅底，成为上百万只迁徙候鸟的生命驿站，自然生态的和谐家园。这里又是著名的鱼米之乡，树木清香、泥土芬芳，阡陌纵横、鸡犬相闻，有着乡土世界的喜怒哀乐，展示着人与土地的原生关系。住在这个四水环绕、静僻而又暗藏生机的小岛上，感受大自然与生命之间笙瑟相合的流转，体味乡邻之间浓重而不露声色的情感，过一种安详自在的田园生活，就是陶渊明所描绘的世外桃源了。

古人大多只能飞梦到达的瀛洲，在今天，一桥架南北，天堑变途，世界最大隧桥——上海长江大桥通车，使横亘上海与崇明岛之间的江海天堑消失了，世外桃源崇明岛与岛外的世界连接在了一起。21世纪的崇明岛拉开了大开发、大开放的帷幕，驶入了城市化的快速轨道。

21世纪被清晰定格为"生态环保世纪"，生态文明、环境革命将为上海提供新的机遇与挑战，上海的发展重心，从苏州河、黄浦江时代走向长江口、太平洋时代，从工业化走向信息化、生态化时代。作为上海可持续发展的重要战略空间，处于江海交汇点上的崇明岛正在寻求新的发展模式，生态与环保成为崇明岛规划建设的主题词：原生态的东滩国家级自然保护区，是重点保护的生态核心区；而园林式的人工自然，如东平国家森林公园、东滩湿地公园、西沙湿地公园等，是建在自然保护区的核心区之外的人造缓冲带；而生态化的休闲旅游度假区域，如水上游乐度假区、东滩瀛洲乐园、生态绿色住宅等，则建于非核心区的外围区域。人与自然保持适度的距离，最大限度地减少对自然生态的搅扰，维持其生态环境的原貌。

正如春蚕的蜕变隐喻生命过程的和谐美丽，即使身在城市化的激变中，崇明岛将不再拷贝工业化的摩天高楼式发展，转而探求生态创新的城市发展，追求人与自然地和谐共生，创造21世纪生态城市、低碳生活的典范。

Chongming Island is the most eco-friendly area near the city. Here, people live in a land of milk and honey with an inviting ecological environment. With both urban and rural amenities, the island is surrounded by he river and abounds in history and culture. It also symbolizes people's future life extension. Chongming Island is mainly illustrating the harmony between urban and rural areas, while bringing joy and vigor to a new lifestyle. On the other hand, Chongming Island is also an ideal tourist destination for urban residents who will delight in spending their weekend or taking a trip there. That is why Chongming Island will be a perfect location for the ecological environment and low-carbon lifestyle in the 21st century.

P110～111：崇明岛东滩、滩涂、湿地、防波堤组成了春天的景色。

**本页上**：广袤无垠的滩涂湿地，芳草萋萋、鱼翔浅底，是迁徙候鸟的生命驿站。

**本页下**：黄昏的东滩湿地公园，无尽延伸的木栈桥，孤独站立的观鸟亭，沉潜在落日余晖之中，苍茫而寂寥。

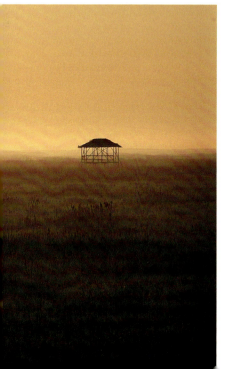

**本页上**：清晨，薄雾散尽，阳光穿透重重阻隔，投射在林间草地上。

**本页下**：清晨的东滩湿地，薄雾笼罩，木栈桥成为自然中的风景点。

**P116～117上**：崇明东滩湿地入口。

**P116～117下**：天高云淡，广袤无垠的滩涂湿地原始、荒凉，婉转延伸的的木栈桥、观鸟亭，增添了画面层次，成为风景焦点。

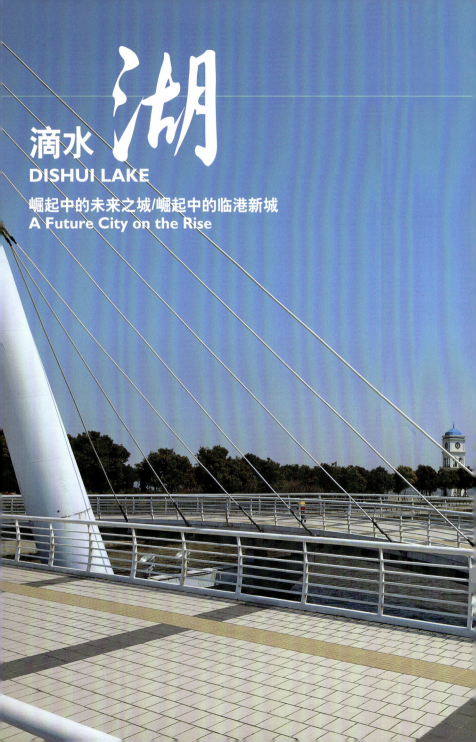

# 滴水湖

**DISHUI LAKE**

**崛起中的未来之城/崛起中的临港新城**

*A Future City on the Rise*

20世纪末浦东大开发，黄浦江畔的陆家嘴率先成为浦东的标志，国际金融城拔地而起，而在浦东的东南方，东海之滨的南汇嘴上，依然是茫茫无边的沧海滩涂。新世纪伊始，这片滩涂因为洋山深水港航运中心的启动而发力，发生了翻天覆地的变化。一座新城开始显现崛起的身姿，那就是临港新城。它南依洋山深水港，北靠浦东国际机场，得天独厚的航运优势，成就了其上海东南之滨辅城的战略地位。

临港新城的总体规划设计构思来源于德国GMP公司，其核心就是滴水湖，一滴来自天上的水滴，落入大海，水滴落入处形成滴水湖。以正圆的滴水湖为中心，六条同心圆的环湖大道，宛若水滴泛起的层层涟漪，扩散向外，八条大道呈放射状延伸。整个城市依湖而建，以大型湖泊水面为生态核心，并营造森林景观带，保留湿地资源带，形成城市生活环带、城市公园景观环带和都市居住生活环带，既体现了"天人合一、临水而居"的传统东方思想，又吸纳了以绿色为导向的国际生态理念。城市整体理性规整、几何对称构图，则让这片新开垦的处女地拥有了未来城市的基因图谱，展现出新城的企图心与大格局。

滴水湖碧波万顷、绿水荡漾，成为临港新城的生态核心。围绕滴水湖的主城区中，中国航海博物馆犹如一片扬起的风帆，凸显着海洋主题，成为城市的标志性建筑。博物馆对面，南汇行政中心大楼匍匐舒展，博物馆附近，上海海洋大学、上海海事大学、上海电机学院等校园翼型展开，蜿蜒流淌的芦潮引河自西向东串起迅速崛起的大学城。这里是上海最东南的海滨，自古有着上风上水之说，是整个上海的风之源，光之始。在这片风水宝地上，政府的企图心加上民间的想象力，出现各种交集的可能，各路精英的聚集，海洋文化的激荡，国外思潮的影响，巨大财富的创造，令这座初具规模的滨海城市，释放出惊艳的魅力和机会。它拉开了大上海的未来蓝图，打开了城市东南方、面向太平洋的一扇大门。

Dishui Lake, also known as Waterdrop Lake, presents a modern view of Shanghai city. The lake is integral to the rising Lingang New City (literally "a new city by the port") located in the southeast of Pudong New Area. Lingang New City has derived its masterplan concepts from GMP, the reputed German company. The quintessential idea of Dishui Lake is thus defined like this: one little drop of water from the sky falls in the sea and then magically forms the Dishui Lake. The lake lies right at the center of the New City where the sail-shaped China Maritime Museum stands out as a landmark of the area. Around the lake is a burgeoning university town comprising several universities. As the southeastmost coastal area of Greater Shanghai, the lake and Lingang New City at large are blessed with opportunities and prospects. You will be captivated by the lake's concept of "harmony between man and nature in a metropolis". Here, people could feel the beauty and splendor of nature even in the city. Much to your joy, the Dishui Lake even integrates the Western design culture and Oriental culture to unveil a splendid blueprint with great possibilities for promising development and progress.

上下：滴水湖边的码头。

上：上海中国航海博物馆与行政中心。

下：滴水湖畔的航海博物馆，高高扬起的风帆成为临港新城的地标。

上：城市因水而美，生活因水而丰富。
下：上海海事大学入口。

中古

# 上海
# SHANGHAI HISTORY

上海历史的文化传承
Cultural and Historical Inheritance

# 上海中古
## SHANGHAI HISTORY

**老上海的历史漫步**
**超时空的文化探访**

　　上海不是一座历史积淀深厚的城市，既比不上皇气十足的北京，悠久厚重西安，曾为六朝都城的南京，甚至比不上断桥残梦的杭州。追溯上海的历史，从小渔村到县城，当城市初具雏形时，已是近代。1843年上海开埠，打开了通向世界的窗口，被迫走出了自我封闭的状态，上海作为冒险家乐园开始迅猛发展。

　　旧上海这个诞生于中外资本聚敛之上的弹丸之地，"一方面，殖民者、冒险家、暴发户、流氓、地痞、妓女、帮会一起涌现；另一方面，大学、医院、邮局、银行、电车、学者、诗人、科学家也汇集其间。西装革履与长袍马褂摩肩接踵，四方土语与欧美语言交相斑驳，多种激流在此撞合，喧哗，卷成巨澜"（《上海：记忆与想象》）。贸易、工业、金融在此蓄积了最初的原动力，注定上海将脱胎换骨、蓬勃发展；这过程充满了中西合璧

的折衷与兼容，欧美的时尚和江南的精致叠加混和。黄浦江畔外滩浪漫古典的万国建筑博览群，紧邻老城厢城隍庙的窄街密巷、闹猛商市；徐汇天主堂的红砖钟楼高耸，唱诗声声风琴悠扬，呼应静安古寺的黄墙黛瓦、晨钟暮鼓、香烟袅袅；城区五光十色、喧嚣繁杂的现代都市，映衬城郊小桥流水、平和淡泊的传统乡镇……

　　在年轻的旧上海，西方工业文明的科学理性、法制高效、外向开放，和中华农业文明的因袭传统、植根乡土、保守溯源碰撞在一起，本土与外来、东方与西方、传统与现代，被解构、被杂糅。百年大上海是一个中国文化传统体系的珍贵的异类，它借以自身近代的姻缘嫁接了西方的传统，充满欧陆风情；但在西洋人眼中，它又是富有东方文化、充满异国情调，陌生而诱人的城市。百年大上海的根是中华传

统，枝叶却沐浴着欧美风雨，处于异种文化交汇冲撞处的上海，经过艰辛磨难的摸索和试探，也得到了不断的惊喜和收获，形成了兼收并蓄、海纳百川的城市文化与特质。

上海中古，收纳了城市的百年沧桑，梳理了城市的肌理脉络，浓缩了城市的记忆成长，渲染了城市的乡土情怀，展现了城市的庞大张力。

Shanghai does not have a long history like Peking, Xi'an or Nanjing. It may be traced back to a small fishing village which developed into a county in modern times. In 1843, Shanghai opened its port to the outside world. Ever since, it has became a gateway to fortune for adventurers.

It's destined that this city would flourish after rebirth with longstanding primary development of trade, industry and finance here. As such, it has undergone a transformative progress of integrating Western and Chinese traditions, a combination of Western fashion with classicism of Jiangnan—regions south of the Yangtze River. Along the Bund are the romantic and classical architectural complexes of worldwide styles; nearby the age-old City God's Temple is home to shops and lanes in hustle and bustle. The Central Business District of Xujiahui, busy and lively all day long, has a Catholic Church in the neighborhood, occasionally sending out melodious hymns.

The Chapter of Shanghai History aims to recollect the vicissitudes of Shanghai modern history, while proclaiming its potential reform and development in the future.

城隍庙
**CITY GOD TEMPLE**

老上海的城市原点
**Original Spot of Ancient Shanghai**

上海的城隍庙老城厢，这方圆不足1公里的地方，已经整整热闹了几百年。即便老城墙因阻碍车马行旅被拆除了，即便小小县城被十里洋场团团包围，甚至而后城市政治经济文化中心彻底从这里的窄街密巷中迁移而出……无论时代如何变迁，上海从小县城成为国际大都会，旧上海中心的老城厢依然有它经久不衰的风华。它怎样都是大上海的发源地，是城市童年的记忆，最后的根，它坚韧勇敢地随着这个城市完成了它的转变更新。

如今，在现代化国际化的上海，位于中心城区的城隍庙依然是一个鱼龙混杂的闹猛集市、喧嚣、流动、生机勃勃，集纳了老上海的商旅百业、市井百态。从建筑空间来看，粉墙黛瓦、红柱飞檐、广牌高匾、花格门窗，一长溜的排门板，新建的仿古建筑群落沿袭了江南明清建筑风格，保持着古街集市风貌；从空间组成来看，这里聚集了老上海的名店老字号，丰富的小商品批发市场，特色的上海小吃，令人目不暇接，乐在其中。这里已成为最具有老上海风情的大型旅游购物中心，接待的游客人数占到全市的三分之二。游客在这里参观豫园，逛城隍庙，尝上海小吃，淘小商品，购黄金饰品，体验老上海的繁华市井生活。尤其是每年的元宵灯会，到处挂满了红灯笼，人头济济，牵着兔子灯的孩子们在人群的缝隙里窜来窜去，点点灯火把老城厢的热闹推向极致。

始于20世纪90年代的老城区保护性开发，又是一次大拆大建、破旧立新的过程，焕然一新的老城厢，失去了原汁原味的老上海气息，而这里的商旅百业、市井百态也大多和老百姓的日常生活疏离，成为一种以游客为对象主体的商业消费空间，一种被异化了的以市井民俗为标签的舞台。老城厢传统的城市生活面貌和四方杂处的市井百态，与当代市民的日常生活渐行渐远，这一片最上海，却越来越不像上海的古老城区，已然成为老上海市井文化的传承标本。

One city would definitely have one paradise to mark and cherish the childhood of the city. Any episode during the passage of time could be kept intact for its own sake.

The old city area of the City God Temple is known as the Paradise of Shanghai for hundreds of years. The city walls and streets enclosed to highlight this compact area of less than 1 square kilometer. Later the walls were demolished for better traffic and the old city area was compassed by the concessions. Afterwards, the political, cultural and economic center of the city bid farewell to this time-honored site. The area has always remained as the ultimate root of the city, notwithstanding the historical development of Shanghai.

Since the 1990's, a project was undertaken that purportedly aimed to preserve the old city area for further development. More often than not, the original amenities would be adversely impacted during such "preservative" projects. It turned out that most of those worn parts were abandoned, so was the original temperament of Shanghai. After the historic area was swept by consumerism, the authentic Shanghai folk life lost its native tradition and flavor, which made the previously most Shanghainese area increasingly non-Shanghainese. Fortunately enough, the old city area has secured the position as a historical specimen of old Shanghai folk culture.

P134~135：夜晚的城隍庙，灯火辉煌，传统的翘角飞檐与远处浦东的摩天高楼交相辉映。

**左**：从人民路走进上海老街，街道两边依然是清末民初的民居特色，粉墙黛瓦的二三层小屋一座紧挨一座。下店上居的混合让老街充满老城厢的生活气息。

**右上**：翻修一新的老式大门。

**右下**：上海老街的西段，新建的仿古建筑群落沿袭了江南明清建筑风格，红柱飞檐，雕梁画栋，繁复绮丽，极尽奢华，呈现出100年前老上海的繁华集市风貌。

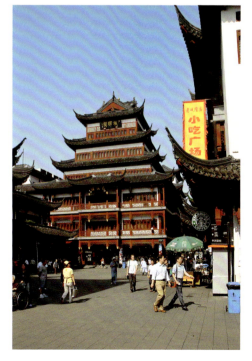

**左**：湖心亭茶楼，临窗独坐的老和尚，专心致志地拨弄手机。

**右**：花窗剪影、湖心亭的翘角飞檐叠印上海最高楼的双峰对峙，上海的传统与现代收纳其中。

豫园
YU GARDEN

江南古典的雅致
Classic Elegance of Poetic Jiangnan

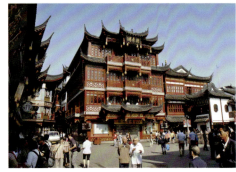

城隍庙中心的九曲桥、湖心亭、绿波廊、茶楼组成了
上海的传统文化和民俗生活。

上海是一座洋气优雅的城市，法租界的洋房和林荫道，外滩沿江的古典大楼，海员俱乐部的爵士乐、咖啡馆，这些欧洲风情的确赋予上海一种格调。但上海精致、优雅的文化传统中除了西洋文化还有本土文化，欧美的文化品位叠加混和了江南精致的审美情趣。

"上海追溯其本土文化底色就是江南文化，上海文化传统中也有本土资源：明清以来形成的江南士大夫文化。明清时期形成的特殊的士大夫群体，他们的文化特别注重文采，注重书卷气，他们对生活特别细腻精致，有一种日常生活审美化的趋势"（许纪霖《回归公共空间》）。而建于明代的豫园可以说是大上海精致传统文化的代表。

豫园始建于明嘉靖年间，原系潘氏私园，距今已有四百余年历史。占地三十余亩.园内有穗堂、大假山、铁狮子、快楼、得月楼、玉玲珑、积玉水廊、听涛阁、涵碧楼、内园静观大厅、古戏台等亭台楼阁以及假山、池塘等四十余处古代建筑，设计精巧、布局细腻，以清幽秀丽、玲珑剔透见长，具有小中见大的特点，体现明清两代南方园林建筑艺术的风格。

豫园保持了江南旧时世家完整的宅、园相连风貌，园内有园，景外有景；它藏身于闹猛的城隍庙中心，却丝毫不失江南园林沉静的身姿和独立的气场。建筑虽多而不见拥塞，山池虽小而不觉局促。是大上海市区仅存的古典园林实例。它以小巧精雅著称，如诗之绝句，词之小令，以少胜多，有不尽之意。王安忆说豫园"山重水复，作着障眼法；乱石堆砌，以作高耸入云；迷径交错，好似山高水远。它乱着人的眼睛，迷着人的心。它是炫耀机巧和聪明的。它是个谜让人猜，它是叫人又惊又喜，还有点得意的"。

它又是闹中取静，曲径通幽的。走入其中，感觉就像穿越时空，完全是另一个世界。园内回环曲折，宛若迷宫，几乎一步一景，处处流连，那种宁静、安祥、与世无争的清幽沁人心脾。大到亭台楼阁，曲榭廊桥，假山静池，小到奇花异草，古树稀木，处处透着江南古典的"雅致"和"韵味"。在这里闲庭信步，缅怀优美的人文气息，感受繁华中一片难得的清静之地，仿佛穿越时空，别有一番风味。

当然这种氛围必然是在人少的时候。这里是境外旅游团的定点。9点过后直到闭园，外国人络绎不绝，摩肩接踵，塞满园中的每一个角落。赶在旅游团之前到达，才能细细欣赏，来一次超时空的文化探访。

All the European styles in Shanghai have added grace and refinement to the city. In addition, the local tradition and native culture are characterized by delicate aesthetic taste of Jiangnan regions. Both are combined to polish the all-inclusive culture of Shanghai as a whole.

As a private garden, the Yu Garden began construction during the reign of Jiajing Emperor of Ming Dynasty. Thus, it dates back over 400 years. Situated in the busy, noisy center of City God Temple, the garden is small in size but spacious in layout. It is uniquely designed in a zigzag and labyrinthine pattern and pervaded by delicacy and tranquility.

Such atmosphere of pervasive harmony and tranquility should be enjoyed the best in a quiet circumstance, like before 9am when the tours start to enter and visit the garden.

P144~145：双面廊，内外有别，步移景异。

**左**：豫园一角，翘角飞檐和扶苏枝条组成了粉墙上的
光影水墨图画。

**右**：小桥粉墙，花窗树影。

**左**：有水而园林生动，蜿蜒水面贯穿全园。

**右上**：曲水穿墙。

**右中**：墙洞与水中倒影连为一体。

**右下**：止水微澜，在天光水色的澄明中，树影摇曳，游鱼穿梭。

P150～151：门洞形式多样，无不成景：有几何形，或圆或方或正多边形；有自由形，或大耳垂肩，或燃烧火焰。洞中天地宽，重重门洞，每一个门洞后面，都是别有洞天。园林因洞而空间无穷。

左：亭台廊榭，小流水，虚灵严实总相宜。

右上：径缘池转，引人随，移步换影，廊转路回景不同。

右下：廊外的小桥流水，游人，宛然一画。

静安寺可算是上海一大古迹。俗话说，南有龙华寺，北有静安寺，都是千年上下的古刹。历史上的静安寺，本是上海西郊一处乡村庙宇，古佛清灯，木鱼声声。最热闹的时候就是一年一度的浴佛节，庙会上商贾云集，游人如织，形成规模宏大的庙市，约摸是静安商业区的渊源。上海开埠后，城市急遽扩张，以静安寺为中心构成的交通网络成为沪西城市化进程的起点，幽静乡郊变身为商街闹市，十里洋场西端的市口日趋繁荣。

今天的静安寺地区依然热闹，是上海市中心高档生活区域和商业中心的交汇之处。有许多老字号，还有许多条公交线路伸向这里。但不论地区的样貌如何改变，静安古寺依然黄墙高台、香烟袅袅，是地区的中心和形象代表。寺庙外，林立的高楼大厦负势竞上、互相轩藐，将寺庙隐藏其间。进门站立于小院抬头一看，但见四周摩天楼建筑如万仞直壁，近在咫尺又高耸云天，感觉如同井底之蛙。为了突破玻璃幕墙的重重围堵，寺庙山门坐上了高台，大殿披上金碧辉煌的簇新琉璃顶，门前杵立起一根汉白玉圆柱，不怒而狞的金灿兽面高高蹲踞其上，面向四面八方，高调张扬着寺院佛国在大都市繁华中心的存在。

比起寺庙里的摩肩接踵、香烟缭绕，大街上的车水马龙、人声鼎沸，静安寺对面的静安公园就安静低调许多。公园不大，但布局精致，山水花草、亭台楼阁，样样不落。绿色植物充满了多样性，还有东南亚风情的巴厘岛餐厅，尤其是入口处两排遮天蔽日的梧桐，高大挺拔，成就了公园的静谧安详。在四周的人声鼎沸与现代动感中，显得遗世独立，是寸土寸金的商业闹市中难得的绿色空间。

Jing'an Temple is one of the ancient spots in Shanghai with a long history of about one thousand years. In the past the liveliest time of year at Jing'an Temple was the Annual Buddha Day, which would possibly be the origin of today's Jing'an commercial district.

The neighborhood around Jing'an Temple has become the hub of residence and commerce famous for its top quality in downtown Shanghai. Though the changes of urban layout have curtailed its size, the temple has been preserved properly and gained popularity as usual. But since it is located in the downtown, Jing'an Temple can by no means keep off the clamor from the earthly world. So, the Jing'an Park seems an ideal green haven to enjoy peace and quiet in such a modernized metropolis as Shanghai.

静安
**JING'AN TEMPLE**
西区城市化的起点
**Starting Point of Urbanization in West Shanghai**

左上：窗含参差粉墙黛瓦。

左下：听风听琴境自静，寂寂轩窗淡淡影。

右上：晴窗树韵幽。

右下：古色古香点春堂。

P158～159：初春的静安公园，水草欣欣向荣，树木吐露新芽，清新自然的风景，屏蔽着近在咫尺的闹市喧嚣，好似世外桃源。

**本页左上**：站在静安古寺门楼上内望，殿堂高抬，黄墙重檐，琉璃金顶。这个千年古刹，以更醒目的色调，更夸张的形制，在五光十色的闹市中心高调存在。

**本页左下**：闹市中的静安古寺，由黄墙高台构筑传统建筑格局，围合寺院场所。

**本页右上**：站在寺庙门楼上，遥望街对面的静安公园。

**本页右下**：寺庙外，鳞次栉比的摩天高楼将寺庙围藏其间。

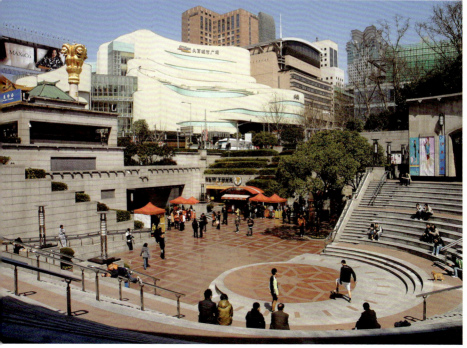

**本页**：钢筋水泥森林中，郁郁葱葱的徐家汇公园。

**P170**：小红楼，曾经的百代唱片公司，中国唱片工业的诞生地，多少传奇故事在此上演。

**P171上**：小红楼被绿树浓荫环抱。

**P171下**：今日的小红楼依然精致典雅，变身为高档的美食会所。

从文化上讲，上海是中西两大势力冲击沉淀的产物。一般认为，上海的异国情调始于1843年上海开埠，其实早在那之前两百年，十七世纪以降的中西文化交流史中，上海的徐家汇已经成为西学东渐的桥头堡。

历史上的徐家汇本是一个三水汇聚的小村落，它在明末声名渐起，凡关注"西学"、"西教"与中国文化传统互动历史的中外人士，无不知道徐家汇，因为这里出了徐光启。徐光启，明末进士，官至礼部尚书，却热衷于传播西方的科学文明和宗教文化。他至死都是中西文化的奇异组合，被余秋雨先生称作"上海文明的肇始者"、"第一个严格意义上的上海人"。

徐光启之后两百多年，上海开埠。不知有意抑或巧合，笃信天主教的徐氏后裔聚居地徐家汇受到了天主教会的垂青。西方殖民者长驱直入，在徐家汇建造耶稣会总院，此后一批以文传道的耶稣会会士在此兴建教堂、创办学校、设立机构，徐家汇于是成为传播西方宗教和科学文明的窗口和重镇：耶稣会院、天主教堂、神学院、修道院，一座座西方宗教建筑拔地而起；藏书楼、男女中学、孤儿院、印书馆、博物院、观象台，科学文化教育机构遍地开花。从徐家汇一带开始，西洋文明和中华文明走到了一起，又源源流入内陆。

今天的徐家汇，是位于上海西南的城市副中心，城市多元功能汇聚与辐射的中心枢纽，集办公商贸、购物餐饮、休闲娱乐、培训教育等为一体的著名商圈。但徐家汇不仅仅是熙熙攘攘的商圈，光鲜亮丽的表征背后，蕴藏着丰厚的文化底蕴，充满了历史沧桑，在某处，它不见了商铺林立，不闻世俗喧嚣，唯有清幽静雅的气息在空气里弥漫。

那一座座优秀的近代历史建筑，经历了时代变迁，见证了荣辱兴衰，是上海文明启蒙时代的符号象征，是上海西化传统的接触点。这些历史建筑始终鲜活地存在，向人们叙述着往昔故事，延续这座城市的历史文脉。

The culture of Shanghai is generally considered as the hybrid of Eastern and Western cultures. Since its opening of trading port in 1843, the city has begun to acculturate and assimilate exotica. The cultural exchange, however, can date back 200 years ago when Xujiahui became the bridgehead of the movement to adopt western learning.

Xujiahui was once a little village in history. It had gained a rising reputation since the late Ming Dynasty. That was primarily attributed to the fame of Xu Guangqi, an imperial scholar who was famous for disseminating western science and religion. He was called "the progenitor of Shanghai civilization" and "the first Shanghainesse proper" by Yu Qiuyu.

Nowadays Xujiahui is of great importance for finance and commerce. Moreover, it is noted for its significant cultural status. Despite those bustling spots, there remains the most graceful and peaceful location of the district, Hengshan Road as a best choice for walk at night. Just take a stroll around when the street is lightened and pervaded by French-style flavor. You may find it tempting and captivating to visit the exotic buildings, classic churches, street gardens, private courtyards, bars, coffee houses...

Xujiahui District boasts numerous historical buildings and cultural sites, which are icons symbolizing the modern enlightenment and Westernization of Shanghai at large. They are completely different from the styles of city blocks and show the essence of Xujiahui spirit.

徐家汇
**XUJIAHUI DISTRICT**

中西文化荟萃的窗口
**Intersection of Eastern and Western Cultures**

P162：静安寺下沉广场，衔接地铁出口。

P163上：站在下沉广场台阶上远眺，静安古寺金碧辉煌。

P163下：下沉广场已成为闹市商圈中人们小憩、放松的公共开放空间。

**本页左、右上**：静安公园内的静安八景。

**本页右下**：公园池塘倒影。

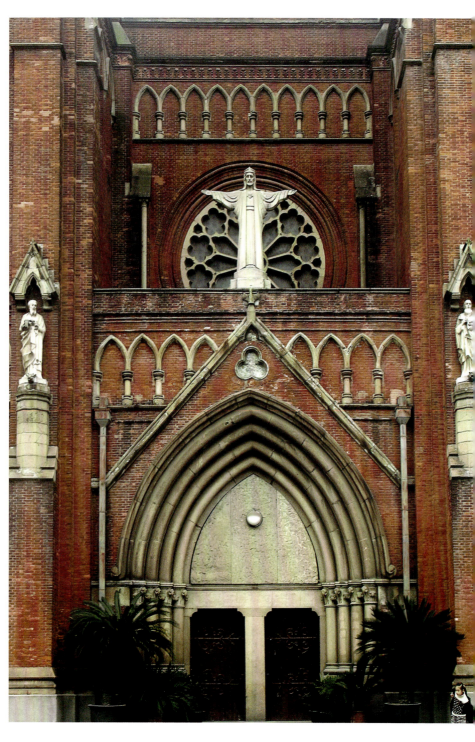

**左**：徐家汇天主教堂，曾经是远东最壮观的天主教堂，典型的清水红砖哥特式建筑，繁复华丽，精美无比。

**右上**：教堂辅楼，丰富的砖砌装饰同样精彩纷呈。

**右下**：午后的教堂别院，静谧安详。

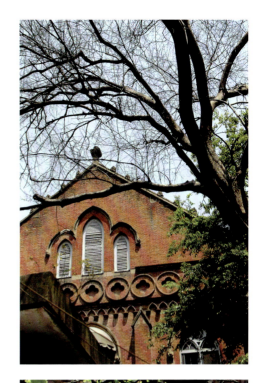

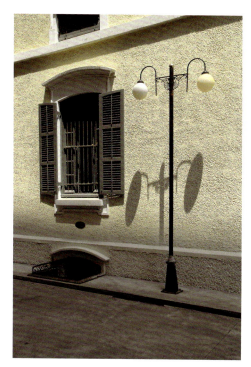

徐家汇藏书楼，处于闹市商圈，却拥有一片难得的清幽静雅。粉刷墙、木百叶、铁栏杆，本色呈现的简素中也不失清新雅致。

P176～177：现在的徐家汇，因商业集聚而繁荣喧嚣，也因为徐家汇公园而美丽和谐，留存的红砖烟囱成为新地标。

**本页**：徐家汇公园，花丛树影，圆池方塘，处处精美。

上：徐家汇公园外，肇家浜路宛平路口的人行天桥。
下：站在人行天桥上，徐家汇周围的新老建筑高低错落，共同谱写城市新篇章。

五角場
**WUJIAOCHANG AREA**

上海全面发展的新磁极
New Magnetic Pole of the Comprehensive
Development of Shanghai

上海这个城市，在过去20年中持续以惊人的速度发展，城市急遽变大。从前，上海人用"上只角"、"下只角"来区分市中心和边缘地带。如今，"下只角"们也逐一成为"上只角"，繁华无处不在。除了市中心的南京路、淮海路、徐家汇、静安寺，位于上海东北角的五角场也成为大上海的副中心，物质和信息极度丰富，各种新生活新方式次第产生。

五角场地区最初的发展，得益于1929年的"大上海计划"。在民国政府勾画的蓝图中，五角场地区成为一个梦想之地，上海发展的新起点：在远离租界的荒僻地带，以五角场为中心，修建5条呈辐射状的城市干道，与市中心的租界和城市周边的港口、码头、火车站连接成一体，在五角场周围则规划建设大上海的政治中心、商业中心、住宅中心，实质就是另起炉灶，在大上海繁华租界的外围，建设一个属于中国人自己的上海市中心。可惜轰轰烈烈的造城工程因抗日战争爆发而偃旗息鼓，五角场地区再次处于城市发展的边缘地带。

21世纪初，五角场地区再次驶入发展的快车道。其起步虽晚，却拥有后发的新生优势和巨大的发展潜力。与徐家汇不同，五角场并不是单一的商业副中心。五角场地区高校林立，才智汇聚，复旦大学、上海财经大学位于五角场一角，第二军医大学、同济大学在另一侧遥相呼应，还有距离不远的体育学院。另外这里还拥有城市极为稀缺的自然湿地，是上海市区最后一块生态处女地。知识密集与生态绿色成为五角场地区腾飞的翅膀。密集完善的交通网络，遍地开花的创意园区，把校园、新兴产业园、宜居生活区和繁华商业区融为一体。

今天的五角场，在地理位置上跳出了市中心与浦东，在概念上跳出了已有的商业中心，成为上海发展的新磁极，未来城市发展的新空间。

During the past two decades, Shanghai has grown and developed astonishingly fast. That provides a golden opportunity for Wujiaochang to get rid of the inferior position and take its role on the stage of the Greater Shanghai as a metropolis.

The Wujiaochang Area seized the opportunity of development thanks to the "Greater Shanghai Plan" in 1929. The Plan was a blueprint outlined for the long-term development of Greater Shanghai. From then on, Wujiaochang has gradually became a land of dreams. The area started its construction with 5 radial urban arteries connecting the central district, ports and piers, and train stations around the city. The construction campaign paused due to the Sino-Japanese War. Then, at the beginning of 21st century Wujiaochang was blessed with a precise opportunity. Soon afterwards, office buildings, residential complexes, and shopping malls mushroomed in the area. Once again, it became a new center of Shanghai which belongs to the local people themselves. As the new magnetic pole to power the comprehensive development of Shanghai, Wujiaochang Area provides enormous space for future urban development.

P184～185：五角场中心地带，五条大道在此交汇，中环高架在此通过，上方是标志性的镂空巨蛋，下方是四通八达的下沉广场。夜幕下的巨蛋，灯光变幻，动感时尚，如天外来客，为五角场中心营造出别具一格的风情。

**本页**：巨蛋、下沉式广场及周边建筑组成大上海东北角新的商业中心。

P188～189：江湾体育场，五角场地区的历史符号。创智天地的介入，新旧空间的重组整合，使得江湾体育场成为五角场地区新的文化创意空间，赋予传统建筑新的生命与活力。

P190~191：新江湾城文化中心，以生态理念，树根形态演绎建筑与自然、水、土地的融合。

**本页**：新江湾城生态博物馆，建筑一半埋入地下，一面向自然湿地敞开，融入树林、草丛、湿地池塘中。开放的屋顶露台和伸向湿地的长臂挑台，都成为与自然亲密接触的平台。

新江湾城SMP滑板公园，与生态湿地公园比邻，号称世界最大。放眼望去，巨型凹碗一个连一个，U型滑道婉转延伸，是极限高手比赛交流的天堂，也是年轻人尽情释放活力的好去处。

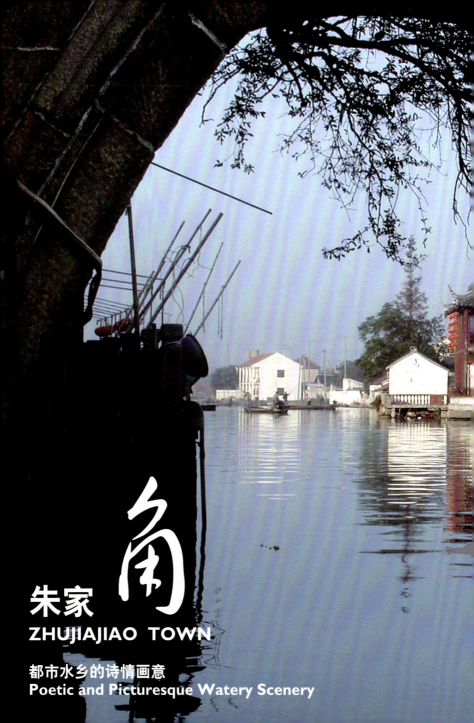

朱家角
ZHUJIAJIAO TOWN
都市水乡的诗情画意
Poetic and Picturesque Watery Scenery

有灵气的地方，总是离不开水的孕育。淀山湖畔的朱家角镇被一条小河穿过，于是这片土地便有了生生不息的活力。登高望远的放生桥，鳞次而望的石拱桥，临水而居的粉墙人家，九曲八弯的水街深巷，来来往往的乌蓬小船……，质感的空间，精致的片段，怡人的角落，有着小家碧玉的古朴与秀美，展现出江南水乡的恬适与温馨。而纳入古镇文化遗产视野的课植园、大清邮局、圆锦禅院、城隍庙……，仿佛一部历史长卷，洋溢着淡淡的历史沧桑，讲述着这座都市水乡的成长经历与兴衰故事。

朱家角是上海保存最完好的水乡古镇。漫步其中，视野里出现最多的是千姿百态的石桥、婆娑晃漾的光影。水乡中的桥，无不因地、因材而巧成，千般万种，各显风姿。水乡也颇多光影之趣，精美的隔扇、窗格、栏杆，往往投落美丽图案的影子。尤其是水光倒影，仿佛整个水乡都在清波里晃动。水光又反映在檐下、墙上、桥拱里，天光水色辉映，拱洞连影成圆，透出一片空明。悠悠的水，重重的桥，绰绰的影，莫不平添生活的情趣。坐在临河茶楼，凭窗远眺，近水楼台先得乐。

每座城市都有可隐居的山水，大上海也不尽然是灰色、僵硬的都市，作为上海一城九镇中唯一保留传统历史风貌的朱家角，也保留下了水乡古镇的诗情画意。黄昏时分前往朱家角，避开熙熙攘攘的游客，抛下灯红酒绿的都市，感受小桥流水中的空寂街巷，月光水色中的灵动魅力，仿佛穿越时空，别有一番风味。朱家角的夜生活静谧而悠闲，与大都市的喧嚣和热闹保持着距离，于灯红酒绿之中守护着平和，犹如一块灵性的飞地，是动中之静，变中之不变，凝聚着永恒。都市与水乡，不同氛围，相辅相成而各自精彩。

世界上所有的城市都在怀念乡村，做着还乡的梦。在经济腾飞、社会发展后，都市人重新找回对本土文化的认同与尊重；诗意、和谐的水乡古镇，保存了现代人对于乡土田园的记忆和情怀。

Water always brings spirituality. Zhujiajiao Town by Dianshan Lake has a small river running through and is enlivened here and there.

Being the best preserved ancient water town in Shanghai, Zhujiajiao keeps all the poetic and picturesque flavors the city yearns for. There're bridges across rivers and shadows of window frames, parapets or railings rippling on water surface. The metropolis and water town, though different in atmosphere, supplement each other and present varied attractions.

All these inviting views are integrated to make the town a graceful component of Shanghai city. Zhujiajiao, the ancient water town with poetic and harmonious beauty, has successfully not only fulfilled the dreams that all cities in the world has had of countryside and folklore, but also treasured up those memories and sentiments in respect of rural areas and homes.

P198~199：清晨，在蓝莹莹的天光水色映照下，水乡的粉墙黛瓦像被水洗过滤一般，清丽而澄明。

**本页左上**：站在桥下，弯曲的桥洞，勾画水乡美丽图景。

**本页左下**：站在桥上，粉墙黛瓦层叠错落。

**本页右上下**：站在水边，坐在茶楼，眺望水乡风光。素淡的色调，单纯的线条，形成水乡特有的淡泊和谐之美。

上：傍晚，水乡渐渐失去清晰的轮廓，造成一种朦胧幽深的意境，在落日余辉中显得静谧安详。

左下：炊烟冉冉的水上人家。

右下：桥栏上蹲守的石狮。

本页左上：在清晨的微明中，舟楫齐集，水乡的诗情画意充盈于眼，水乡的盎然生机荡漾于心。

本页左下：茶楼外的参差民居。

本页右：粉墙黛瓦沿着河岸婉转延伸，与水中晃漾的倒影连成一片。

P206～207：沉静、安闲的老茶楼是休闲的好地方。

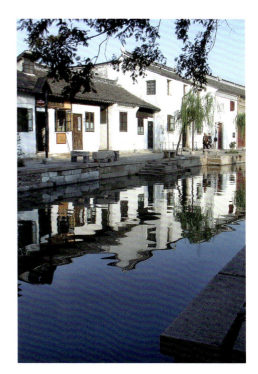

坐在小船中，换一种视角感受水乡风光。小桥流水花窗，石岸垂柳粉墙，无不蕴含着水墨的清润和素雅，江南水乡的诗情画意尽在其中。

**左**：傍晚，白日的喧嚣被暮色吸纳得一干二净，水乡渐渐沉入黑暗之中。

**右**：这是朱家角最富盛名的放生桥，如玉带长虹，横跨数百年的风雨沧桑。站在桥上视野开阔，站在桥下则别有洞天。

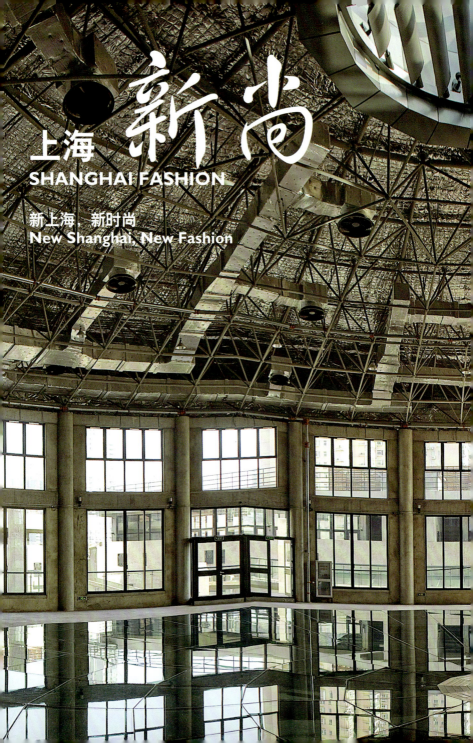

上海 新尚
SHANGHAI FASHION

新上海，新时尚
New Shanghai, New Fashion

# 上海 新尚

## SHANGHAI FASHION

**老场地转换的城市高地
旧空间演绎的时尚活力**

百年大上海，曾经有过花团锦簇的辉煌，也经历了扭曲和压抑的停滞。如今的上海，处在新旧交替、沧桑巨变的时代，上海新尚，不仅是破旧立新，更是以旧创新的时尚；不仅是都市时尚，更是日常生活的时尚。

上海，作为近现代的远东大都市，商业发展成熟、社会生活丰富、城市特色鲜明、人文积淀厚重。背负着城市的文化传统与成长记忆，上海正经历着最艰难的蜕变。旧式的石库门里弄，迁离的工厂码头，这些过时的生活旧区和工业遗迹被重新发现、被重构、被点亮。

上海新尚，旧场地上的新形式、新内容，让城市拥有可以触摸的脉络、可以感知的记忆，让生活拥有更加多彩的内容、更加丰富的

蕴涵。文化传统不再只是记录过去时光的化石，而是融入现代环境的要素，激活都市生活的题材；不再只是收藏展示，更是一种珍视的态度。大上海的历史传统、文化魅力和个性特征，像魂灵一样附着在那些风光依旧的老街、老屋、老厂房中。

这些城市新空间，是对怀旧的提炼，是对未来的憧憬，演绎着诗意的城市精神。人们好像回到百年前工业发展的隆隆年代，回到上海十里洋场的花样年华，到处散发着一种精致的温暖，一种新奇的美感。时光交错、新旧交织，是对比和对话的组合，是跨越时空的互补，都已成为上海的城市与生活。旧场地上的这种蜕变，使陈旧的社区延续并复兴，使都市

的生活丰富而多元，大上海增添了新的魅力。

The last century has witnessed great vicissitudes of Shanghai. For now there's more to appear and change our daily urban life. The cultural tradition and memory have been rooted here for long, which are gaining momentum. Nowadays, Shanghai is undergoing the most difficult transformation. The outdated residential areas and industrial heritage like those former alleys and lanes and relocated factories and piers are being rediscovered, reconstructed and enlightened.

Shanghai Fashion means the redefinition of former spaces, which have brought splendid substances into Shanghai. All the old spots have obtained fresh souls. With these transformations on former spaces, urban communities would have been revitalized so that new attractions will be added to Shanghai.

新 天地
XINTIANDI

旧建筑，新生活
Old Block, New Life

站在一个高点看上海，老弄堂是蔚为壮观的景象。尽目所及一条条挤挤挨挨的屋顶，填满弄堂之间的空隙。其中的绝大部分，就是颇具原创性的石库门里弄；整体上，它参照了西方公共住宅的样式，弄堂像兵营似地联立成行，弄堂与街道行列成网；而每一个建筑个体又是江浙传统民居的样式，二三层的三合院落，青砖裸露的外墙，入口处花岗石门框，黑漆厚木门对开，门楣以上的装饰又多为西洋式的石雕。石库门是大上海特有的建筑形制，也渗透着西洋建筑的一些元素，传统与现代结合，映射出上海文化的底色。

在新天地项目开发之前，太平桥地区是一片拥有近一个世纪历史的石库门里弄建筑群，新天地是其中一部分。这个房地产开发项目建成于新千年伊始，一改20世纪90年代以来旧城区大拆大建、破旧立新的模式，借鉴了国外经验，采用保留建筑外皮，改造内部结构和功能，引进新生活内容的做法。它改变石库门里弄原有的居住功能，置换为商业和娱乐功能，让这片带着上海历史和文化旧痕的社区，成为高品质的时尚、休闲文化娱乐中心。这在上海甚至全国尚属首创，为上海的旧城改造开辟出一派新天地、新风尚、新模式。

如今，新天地已然成为上海最时尚的渊薮。漫步其中，仿佛时光倒流，置身于20世纪二、三十年代的上海，小群落的建构方式，亲切的市民空间，被时光与历史润色后，拥有一种朴素的原创格调。但古老的只是建筑立面，每座建筑的内部，五脏六腑全被掏空，按照现代都市人的生活方式、生活节奏、情感世界度身重构，时尚的酒吧、咖啡馆、小餐厅、夜总会、小剧场、电影院、精品店填满了每一个门洞。石库门社区中心，则新辟一处小广场，中心喷水池装饰，四周环以靓丽的遮阳伞，摆放着户外的咖啡桌椅。石库门旧里原先的阴暗、拥挤、杂乱的生活气息不见了踪影，代之以阳光明媚的咖啡休闲文化，风情万种的异国情调。

上海新天地，改写了石库门的历史，经过修复的旧里重焕光彩，外观上的历史感与时尚感的新内涵相映成趣，大大提升了场所的品位和魅力。如今，新天地已被公认为中外游客领略上海历史文化和现代生活形态的最佳去处之一，也是上海时尚新地标及品位的象征。

Overlooking Shanghai from high above, you will be amazed at the blocks of alleys and lanes occupying a wide range of space. They look like a huge backdrop of Shanghai. Rows of roofs fill the gaps between alleys, which is generally modeled after the western public housing system, while each unit adopts the traditional residential pattern prevalent in Zhejiang and Jiangsu provinces.

Today, Xintiandi stands out as a new role model of the considerable alleys and lanes. The development of Xintiandi project began construction in the beginning of this century. By drawing on foreign examples and experiments, the project keeps the exteriors of the buildings and transforms the inner structures and functions from residence to commerce and entertainment. Hence, it has been reputed to be the first case and the start of new patterns and new fashions for the renovation and reconstruction of Shanghai's old city areas.

**左**：新天地开放的入口，透明的玻璃与传统的青砖组合成现代的时尚，美丽而素朴，低调不张扬。

**右上**：中心小广场。

**右下**：弄堂深处的空地。

本页左上下：传统在此变得精致，突破了原本的形式、材料与色彩，融入了现代的生活场景。小广场中心的喷泉雕塑，周围露天的咖啡座，遮阳伞，为场所增添了异国情调。

本页右：人流如织的新天地中也有背静的角落。

P224～225：靓丽的红色与绿色，点染，点亮了青灰素颜的石库门旧里。

P226—227：传统的过街楼，强化了内外之别，营造了内街的气氛。

**左上**：石库门，青砖裸露的外墙，水刷石的门框，黑漆对开的厚木门，都是江浙一带传统民居样式，但门楣上的雕花，门框边的立柱，则是西洋古典款式。

**左下**：灯红酒绿的新天地边上，静静躺卧着太平湖。在宽大的亲水平台上坐坐，看都市的五光十色，消融在偌大的湖面上，风一吹，化为涟漪。

**右上**：近在咫尺的中共一大会址庄严静穆，与新天地的喧嚣热闹形成强烈对比。

**右下**：透过石库门老房的缝隙，看新天地旁的酒店高楼。中国元素的花窗表皮，现代中蕴含传统，与新天地的怀旧时尚相映成趣。

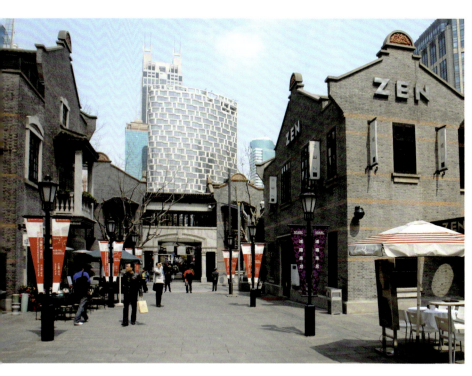

**上左、右**：对于新天地原址上的老旧建筑进行开发性保护，在陈旧的躯壳中植入崭新的活动，强烈的反差带来新奇的体验。左边是一家德国餐厅，右边则是一家港式中餐厅。

**下左**：被拆解的建筑，只留下标志性的石库门，成为时尚美发厅的入口牌坊。

**下右**：这是新天地会所和高级餐厅，新与旧、中与西，层出不穷的碰撞、全新场景的塑造，让新天地有了更丰富的表情。

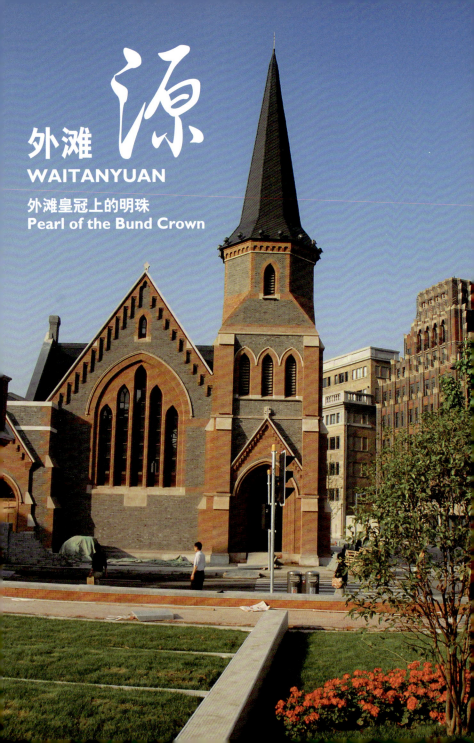

# 外滩 源

## WAITANYUAN

### 外滩皇冠上的明珠
### Pearl of the Bund Crown

外滩源，一个熟悉又陌生的名字，位于苏州河与黄浦江的交汇处，一块双龙戏珠的风水宝地。最早英国人相中此地建立领事馆，诞生了具有象征意义的外滩源。作为外滩万国博览群的起点，这里有最早的外滩建筑，英国领事馆、外白渡桥、新天安堂（联合教堂），划船俱乐部，成为百年外滩的建筑地标。相比外滩沿江建筑的庄严厚重，以英国领馆为中心的外滩源建筑群有着更丰富多样的表情和气质：洋行、公寓、教会、戏院、书局、博物馆，无所不包，俨然是外侨的文化社区。从早期的南亚殖民地风格，到摩登时代的新古典主义风格、装饰艺术风格，流派纷呈，产生了独特的城市肌理。

今天的外滩源在保留旧街区历史风貌的同时，以艺术休闲和文化商业为特色，打造融合艺术、设计的当代生活美学新空间。英国领馆花园成为外滩源公共绿地的组成部分，绿草如茵的大草坪上，百年古木依然苍劲挺拔；花园后的圆明园路新铺砌了深色花岗岩，状若老上海的"弹格路"，路边一排高大的鹅掌楸，营造出休闲步行街的氛围；沿街8栋气度不凡的历史建筑在外观上修旧如旧，内部则置换成全新的商业功能，低层休闲餐饮、品牌专卖，高层会所、精品酒店、高档餐饮，恢复了摩登时代旧上海的精致与奢华。

在外滩源的经典复原中，也有全新的嵌入。老外滩60多年来唯一的一幢新建筑半岛酒店，紧挨着领馆花园。同样的高度，同样的花岗岩外墙，同样的装饰艺术风格，让半岛酒店与外滩的历史建筑群相互融合，低调而奢华。原亚洲文会大楼向东扩建成外滩美术馆，现代简约的崭新立面，映衬着古典繁复的西立面，当代、前卫的艺术精神，植入了大楼文化博览之根，整体变身为新视觉文化的交流与发表平台。

融合了历史与现代，经典与时尚的外滩源，将逐渐展露迷人的风采。徜徉其中享受优美的景观环境，感受独特的历史文化气息，这个老外滩的新街区占尽天时地利人和，必将成为展示上海城市形象的新地标。

The Bund Source, a treasure land with a good geomantic omen, refers to the junction of Suzhou River and Huangpujiang River. The then British Empire favored the land and established its Consulate General here, initiating the construction of architecture in the vicinity. Hence, the Bund Source came into being as the starting point of the World Architectural Exposition. Compared with the riverside architecture of the Bund, the buildings around the Bund Source are less dignified and more diversified, making up a distinctive urban texture.

Today, the Bund Source has been transformed into an up-to-date cultural and commercial public space. Here natural scenery is inviting and pleasant. The boutiques, clubhouses and restaurants along the streets foreground the delicate and deluxe old Shanghai in its modern age. Restoration of classicism is reinforced by the introduction of brand-new amenities. For the first time during 60 years, a grand building stands out in this area, namely the luxurious Peninsula Hotels close to the Consulate Garden.

The Bund Source integrates history and modernity as well as classicism and fashion. It appears fascinating and inspiring with the splendid cityscape, unique history and profound culture. This renovated historic block in the old Bund would definitely become another landmark of the new Shanghai.

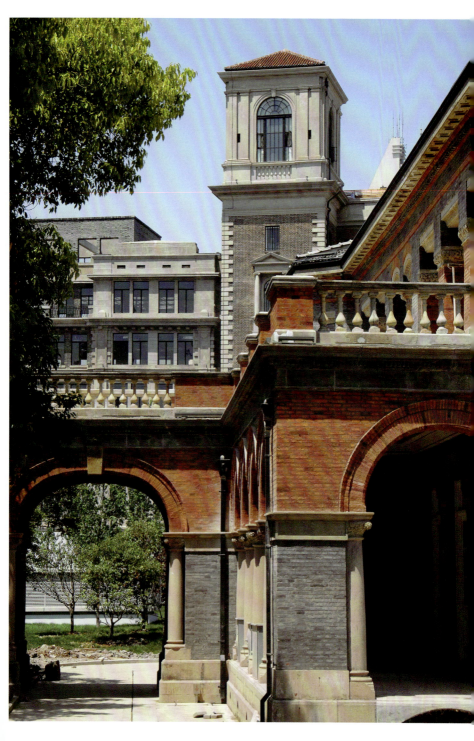

P234～235：外滩源，外滩皇冠上的一颗「明珠」，这里集聚了一批洋行、公寓、教堂、教会、领馆、报馆、博物馆等特色老建筑，风格多样、流派纷呈。

P236：这座殖民地外廊式建筑，就是外滩万国建筑博览群中最古老的建筑，原英国领事馆和领事官邸。从这里开始作为外滩的源头，一路就有了外滩绵延数里的壮观场面。

P237：英国领事馆也是外滩唯一拥有大片花园绿地的建筑，宽阔的大草坪上，百年古木依然苍劲挺拔，穿越过去和现在。

**本页左上**：新天安堂的背后，是一座欧式的小广场。

**本页左下**：苏州河畔的英国领馆、新天安堂、划船俱乐部，构成了早期外侨宗教和社交生活中心，如今则成为外滩源的指向标。

**本页右上下**：乍浦路桥桥头，光陆大楼巍然屹立，微微弯曲的立面沿着街角婉转延伸，高高的方亭塔楼成为苏州河畔的标志。这座大楼的底层，就是显赫一时的光陆大戏院，典藏了老上海的光影回忆。

真光大楼，著名建筑师邬达克设计的教会大楼，典型的装饰主义风格，窗间墙平面处理成锯齿形，在立面上形成强烈的竖线条。站在不同的角度远观近赏，高低俯仰，就会有不同的发现。据说这里将被改建成个性化精品酒店。

夏日傍晚，华灯初上，田子坊在橘黄灯光的映照下更加温暖亲切，散发出生活气息的馨香。

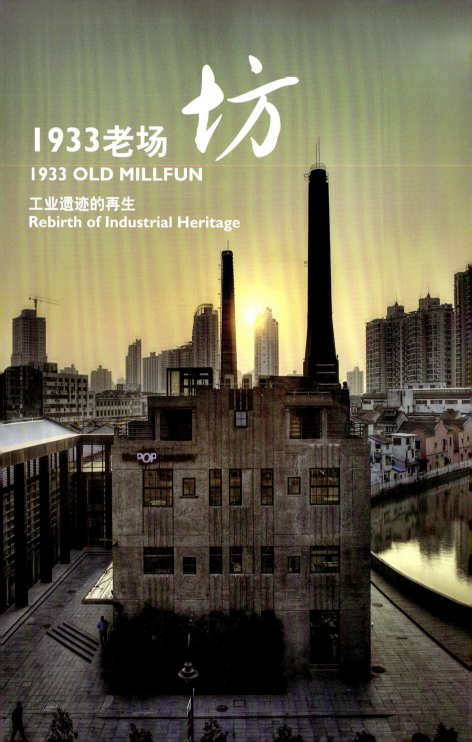

# 1933老场坊

## 1933 OLD MILLFUN

### 工业遗迹的再生
### Rebirth of Industrial Heritage

这是一座始建于1933年的"远东第一宰牲场"，气势宏大，布局奇特。厂区外方内园，封闭内敛，东南西北4栋建筑（副楼）围合成规整的四方形。中间是一座24边形的5层主楼，楼身高低错落，廊道盘旋连接，精密宛如迷宫：硕硕高高的混凝土墙，敦实厚重的混凝土楼板，血腥恐怖的屠宰往事，构筑起自成一体、固若金汤的诺曼城堡。一头钻入，就像进入了虚拟的网游空间，在牛魔王的世界中探索潜行，诡异阴森的氛围中充盈着一种魔力，产生种种错觉和幻觉，却欲罢不能，沉迷于幽森殿宇的独特与怀旧，触到的是时光倒转的脉搏。

如果说城堡内部极具硬汉的粗犷线条、强悍气质，那么外立面则刚好相反，阴柔而细腻。城堡的外立面采用建造时期极为流行的ArtDeco混凝土墙面装饰。英国设计师以对称简洁的几何构图，丰富的线条装饰与逐层退缩的结构轮廓，一改城堡内部钢筋混凝土厚重逼人的压迫感，使外立面从上到下保持柔和的质感。临街临水的主要立面朝西朝北，一天中大部分时间都在背阴的漫射光下，更显阴柔。ArtDeco风格的外立面装饰，不仅使城堡的内与外刚柔并济，对比映照，而且让屠宰工场的巨大体量融入城市环境，与周边的居民社区和谐共融。登上1933的天台，但见蜿蜒河道逶迤而来，红色瓦顶层层叠叠，林立高楼远处屏立……，如同站在城堡高台上俯瞰眺望，眼前豁然开朗，风光无限。

这座始建于1933年的城堡迷宫原本是个血腥恐怖的屠宰场，如今华丽转身，成为全新的创意中心、时尚地标。从建筑本体看，独一无二的建筑格局与结构，及其独有的英国工业文化背景，先进的工程建造技术，使1933有别于当下其它流行的创意工坊，虽然增加了大片玻璃，引入时尚的自然光线，但只是增添了光影变幻，城堡中多数角落依然阴暗鬼魅，兜转其中，犹如探险。这就是1933的最大魅力所在，这种独特氛围，吸引着求新求奇的时尚派对、潮流体验、消费休闲等活动，汇聚起艺术家、设计师、建筑师、企业家等社会精英，成为一个公共开放亦时尚复古的创意中心，上海"城市再造"的典范，新城市功能的高地。

Built in 1933, the Old Millfun "Workshop" is known as the "Largest Slaughterhouse in the Far East". There're four buildings that enclose to form a rectangle. In the middle stands the strange-shaped main building where animals were slaughtered.

While the inner space is utterly different from those in daily life, the Art Deco-styled façade of the building looks so gentle and soft. At the time of its construction, the Art Deco concrete exterior was very popular and fashionable. It also keeps the building humble and modest while integrating itself into the surrounding cityscape.

Now that the horrible slaughterhouse was demolished, the 1933 Old Millfun has succeeded in the transformation into a fashionable innovation center and an active public arena. The "Workshop" attributes its unique architectural style and function to the obsolete factories, and maintains incomparable fame and vitality.

工场坊在建筑中庭增加顶盖，并加设玻璃地板，突出
戏剧化的效果，使其更符合未来的时尚舞台功能。

**左**：无穷层次的结构，强力交错的廊道，错综黯淡的空间，让建筑萦绕着神秘的氛围。

**右上下**：粗犷厚重的混凝土廊道与轻盈剔透的玻璃廊道相互映照。

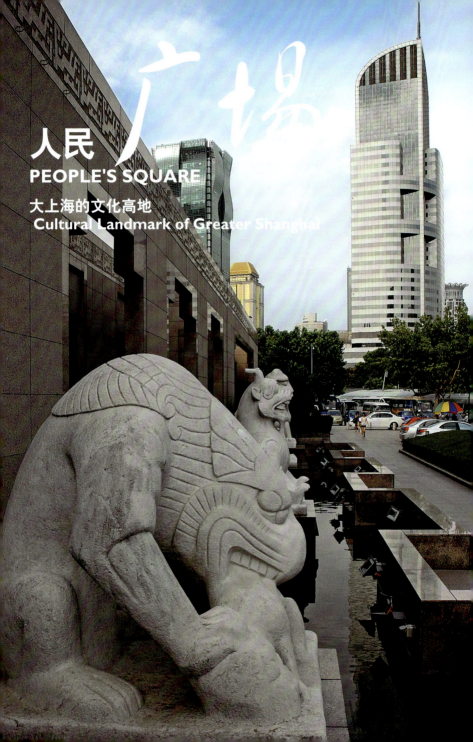

人民 广場

# PEOPLE'S SQUARE

大上海的文化高地
Cultural Landmark of Greater Shanghai

人民广场是大上海的心脏，在人民广场上营造的建筑物，注定会列入当今上海最重要的建筑。严谨的布局，恢弘大气的建筑，具有一种独特的象征意蕴。

上海市人民政府大楼，居于广场中轴线北端的压轴位置，方正的体型，最高的高度，最高权力的象征，有足够的份量作为广场的北中心，并给广场以围合性体量与稳定立面。

而从建筑功能来看，人民广场不只有最高政治功能的建筑物，也有最好的文化建筑。

上海博物馆是人民广场的地标，与政府大楼南北遥遥对应。整座建筑犹如一尊中国古代青铜器，造型取自鼎，象征天圆地方的圆顶方体基座，由大理石密密包裹，内敛、包容、厚重，代表了中国的根和历史，构成了堂皇伟岸、不同凡响的视觉效果。

上海大剧院和上海规划馆，组成了人民广场令人惊艳的一瞥，构成政府大楼的东西两翼。尤其是位于西北角的大剧院，宛若一个现代版的水晶宫殿。它采用现代手法营造空间，简洁流畅的几何造型，白色屋顶翼然上翘，玻璃幕墙轻巧透明，打破了人民广场呆板、庞大的印象，带给广场活泼、开放的现代感。晶莹剔透的大剧场在平台、花园、喷泉、水池的簇拥下，成为人民广场又一大文化景观。

上海美术馆是人民广场的艺术花园，隐身于政府大楼背面的一角。曾作为跑马厅俱乐部的历史保护建筑堪称经典，远远可见的砖石钟塔，内部吱吱呀呀的木地板，直通顶层的转角楼梯，五颜六色的老式玻璃窗，弥漫着苍凉的历史气息，却展示着当代最前沿的文化艺术，成为人与自然、过去和未来、艺术和公众之间的对话桥梁。

人民广场，曾是远近闻名的旧上海跑马厅和销金窟，它背负文化传统与历史孽债，在城市中心延留百年。今天的人民广场上，林林总总的新旧建筑，配合现时性的城市演化需求，构筑起一道古典而优雅的广场天际线，清楚地标识着这座城市的政治中心、文化高度和人文厚度，也赋予城市丰富多彩的文化生活。

People's Square is the heart of the Greater Shanghai, so all the buildings around the square would be listed among the most important architecture of Shanghai.

Most important of all would certainly be the building complex of Shanghai Municipal People's Government. Situated at the north of the square's axis, it is rectangular in shape and features the greatest altitude symbolic of supreme power and authority. In addition to the politically significant architecture, the People's Square has the premium cultural architecture, i.e. Shanghai Museum whose shape is like an ancient Chinese bronze vessel. Surprisingly enough, the Government Building is flanked by the Shanghai Grand Theatre which is like a crystal palace and Shanghai Urban Planning Exhibition Center. As the artistic garden of People's Square at the back of the Government Building, Shanghai Art Museum has distinctive historical building and exhibits contemporary artworks.

The People's Square was the former racecourse and luxurious recreational center in the history of Shanghai. Today it presents a classic and elegant skyline of architecture, highlighting the political center, cultural achievement, and diverse leisure activities of Shanghai the international metropolis.

　　人民广场是上海城市的地理原点，318国道的零公里
处，也是大上海的心脏。除了上海市政府大楼，博物
馆、大剧院、美术馆、音乐厅、展示馆等文化建筑都
在此汇聚，标识着这座城市的政治中心、文化高度和
人文厚度。

上：广场南端的上海博物馆，掩映于绿树丛中。

下：上海音乐厅，隔着延安路高架与上海博物馆遥相
呼应。

延中绿地，就像大上海的中央公园，位于市区的黄金地段，"申"字型高架道路的中心点。从高楼鸟瞰，延中绿地如同一片毛茸茸的华盖，极具层次感的图案像华贵的波斯地毯，其面积之大，景观之丰富，很难想像其存在于如此商业化的国际大都市中心。它对这座2000万人口的城市来说，可谓是弥足珍贵的绿肺。

在城市中心区，钢筋水泥铺天盖地，几乎统治了城市的所有空间，阻断了人和自然的血脉。而延中绿地，却是灰色城市中的一抹亮色，密不透风中的一片自然，车水马龙之中的一点恬静。当你走在连绵无边的绿地上，看到林间松鼠敏捷的身手，湖上天鹅优雅的身姿，地上麻雀笨拙的蹦跳时，你会为这一片世外桃源啧啧称奇，仿佛来到城市的边缘，可以尽情拥抱自然。

环环相扣的园林绿带，自西向东组成了一曲"蓝绿交响曲"，演绎着人与自然的和谐：有自然山水的景观营造，层叠堆砌的大假山，飞流而下的小瀑布，潺潺流淌的溪水，充满了清新的自然气息；有历史文化的空间营造，以完整保留的纪念性建筑中共二大会址和平民女子学校为中心，对称规整的平面布局，几何造型的植被修剪，有着法国园林的宽广气派，庄严齐整；有城市山林的氛围营造，地形高低起伏，高大林木郁郁葱葱，花草灌木挤挤挨挨，一条木栈道在浓浓绿荫中婉转延伸，形成高低错落、疏密有致、层次丰富的山林景观。

在绿地的最东头昂然矗立的上海音乐厅，其建筑本身也是一曲凝固的乐章。它建于20世纪30年代，气度不凡的欧洲古典风格造型，淡雅庄重的大理石外墙，如夜空般深邃的穹顶，与其上演的古典音乐有着惊人的一致。对于这样一个近现代优秀历史建筑，上海采取了一种近似膜拜的慎重态度，不惜巨资把它从几十米开外"搬移"到此，并增建露天音乐广场为前景，以示其价值与尊贵。如今上海音乐厅已成为延中绿地中最精彩的开篇，在奔腾不息的旋律中，演绎着古典音乐奇妙的和谐。

城市的发展正如太极图中的双鱼，阳极生阴、阴极生阳的转化一般，从上海开埠以来的砍树毁绿、圈地建房的随心营造，到新世纪剥离了密密匝匝的建筑，还原大片的树林和草坪，在城市的中心区域，营造这样一块庞大的人工自然景观，如此轮回转化，已然是上海城市发展大转折的一个重要标志，是城市和谐发展、文明进步的象征。

Located in the center of the "申"-shaped viaducts, Yanzhong Green to Shanghai is like the central park to New York. The Yanzhong Green is designed in the pattern of a deluxe Persian carpet, expansive and luxuriant. Just imagine so large a lush green area existing in the hub of an international metropolis like Shanghai. It is no exaggeration that the invaluable Green serves as a green lung for the 20 million residents herein.

Besides the lush plants, the Shanghai Concert Hall lies at the easternmost end of the Yanzhong Green and features a building imbued with melodious movements. The modern historical building stands out as the most fascinating prelude of Yanzhong Green, performing miraculous and harmonious classical music. .

The progress of urban development is just like the Eight Trigrams of Taiji: what you pay equals what you gain and what you win equals what you lose. Luckily, the Yanzhong Green is here to give nature back to the city and citizens.

P288～289上下：郁郁葱葱的水杉林，生机盎然的竹林草地，让延中绿地有着城市山林的氛围，俨然是中心城区的生态绿洲。

**本页左**：青青竹林，低矮篱笆，黄石踏步，营造乡野山林场景。

**右上**：乡野竹林与绿篱花坛，野趣与人工，相互映照。

**右下**：竹林间的落叶，蓬草，江南的修竹有着不同的表情。

**左上**：早春，舒展的枝条竞吐新芽，一片小池塘，两只白天鹅，三五绿头鸭，书写诗情画意，传递季节信息。

**左下**：生机盎然的水塘中，城市高楼倒映。

**右上下**：站在延中绿地，四周的城市与建筑成为背景，时隐时现，透过扶疏枝叶，眺望城市高楼，少了几分压迫感，增加了层次与距离。

**左**：修长的杉林郁郁葱葱，矮小的花草挤挤挨挨，一条木栈道在浓浓绿荫中婉转延伸，形成城市山林景观。

**右上中下**：园林小景，放大的休憩平台，水边卧石，草地高树。

**左上**：深秋的红黄，树木枯槁前所呈现的生命之光、成熟之美。

**左下**：冬日的延中绿地，高大的乔木显枝露干，空间变得疏朗有致。

**右上中**：暮春时节，大树再披浓荫，杜鹃花盛开。

**右下**：盛夏烈日，浓荫，小溪过滤了城市的焦躁与喧嚣。

上海 **脉动**

## SHANGHAI PULSATION

活力上海，未来上海
**Speed and Dream of New Shanghai**

# 上海脉动

## SHANGHAI PULSATION

**无限网络构架上海脉络**
**无穷流动组成城市活力**

大上海本也是江南水乡，水道就像树上的枝杈，一生十，十生百，纵横交错，绵延无尽。如今，道路成为水道的另一种形式。密如蛛网的城市道路，少了水道的弧度和婉约，却多了速度和率性。覆盖中心城区的"申"字型高架充满动感，象征着大都市无休无止的快节奏；三纵三横的城市主干道，永远是川流不息的车水马龙；钻入城市地下又是另一个世界，十几条地铁轨道巨蟒四通八达，触角蔓延至郊区。

在大规模的城市躯干下，高架、轻轨、地铁、马路，以追风的速度延展着，勾连起一个无穷尽的脉动世界。无限延伸的道路，和无限扩大的城市联系在一起，曾偏于一隅的郊区被拥入，蔓生的高楼、延展的道路扩张着城市的边缘，助推上海成为特大型的国际化大都市。

大上海的交通网络，就像六本木山的标志性大蜘蛛，新潮而张扬，庞然而错综，核心被密集的道路层层包裹，巨大的触角则伸向四面八方，同时涵盖了水陆空等所有领域。正在建设中的虹桥交通枢纽，集机场、高铁、轨道、公路等综合交通功能于一身，宛若连接长三角的彩虹之桥。而外海的洋山港则成为上海建设国际航运中心的重要一环。全方位、高密度、多层次的立体交通网络，是大上海速度的来源。

高架、轻轨、地铁、马路，既是奔向目的地的工具，也是了解大上海的视窗。在路面行走或骑车，视点低，密集的高楼让人窒息，宛若穿越峡谷；但行走的慢速度提供了观察上海"另一面"的可能，概貌之外的细节，成就底下的磨难，浮华背后的辛苦，近距离——呈现。在高架上行车，视点高，速度快，看城市动脉上一路流动的风景，感受巨型城市的另一种尺度；尤其到了夜晚，霓虹万千，灯火璀璨，夜上海以唯美的方式展现着辉煌和瑰丽。而乘坐地铁，在地下隧道中穿梭奔驰，速度最快，效率最高，但最没有风景，被黑暗笼罩的地下隧道，令人倍感疏离。唯有到了城市边缘，列车从地下破土而出，陡然感觉天高地远，高楼大厦消失了，繁华的街市变成宽阔的道路，熙熙攘攘的街道被推到遥远的身后，在宁静的空阔中，感受城市的色彩退韵成旷然。

The Greater Shanghai was originally a waterside town. Its waterways are crisscrossed like branches of trees. Nowadays road networks add speed and efficiency to the urban traffic, while lessening the tenderness and easiness of waterways.

The viaducts, light rails, metro, and roads have sprawled all over the city. Infinite roads together with the expanding city gradually turn its suburbs into downtown areas. The diversity of transformation provides Shanghai city with the basic prerequisites to be an international metropolis.

Needless to say, the integrated transportation system functions as the means of transportation. Furthermore, it will serve as a fast-paced approach to gaining some generic understanding of Shanghai, which contrasts with the detailed and in-depth observations achieved when taking a walk at ease.

# 南京路

## NANJING ROAD

固有速度下的永恒繁华
Eternal Commercial Center and Pedestrian Street

繁华商业是百年南京路永恒的主题。自1843年上海开埠，南京路是最早出现都市文明的地方，并迅速成为上海最繁华的街道，确立起上海近代商业发祥地的地位。到了20世纪20、30年代，十里洋场南京路已蜚声中外、称雄远东。到了90年代，南京路又经历了改革开放、瞬息万变的转型期，从车水马龙的大马路，摇身变成行人摩肩接踵的步行街，大上海的购物天堂。

南京路步行街，大上海最繁华的街道，一年365天，几乎天天人山人海，人群犹如海底游鱼，在高楼林立、万商云集的商品海洋中穿梭往来，展现出上海最香艳、摩登、热闹的一面。那挤挤挨挨的街面房子构成的绵密屏障中，既有现代时尚的摩天办公楼、商业中心、品牌旗舰店，也有经久不衰的百货大楼、特色老字号、上海小吃等，南京路的过去与今天不断迭映在眼前，传统与现代的交织为这条百年老街增添了别样的魅力。而宽阔的大马路上，熙熙攘攘的人流中美女如织，别致的城市雕塑错落点缀，则为这条大道平添一种亲切的浪漫气息。

但最为浪漫的是南京路的夜晚。步行街喧闹熙攘的白昼华丽而粗糙，带些暴力，气势汹汹的，而夜晚的街景，在黑暗夜幕的掩盖下，在五光十色的彩灯霓虹映射下，美仑美奂，充满了魅惑。夜晚的南京路是一座不夜城，灯火璀璨、霓虹闪烁、人潮涌动，带动了夜上海的激情和喧嚣。流光溢彩的灯火海洋，灯火通明下的琳琅满目，喧嚣市声中的萨克斯悠扬，中心广场上的音乐喷泉……这里宛若一个流光溢彩的旋转舞台，人在光里，如在画中。这里的夜生活，仿佛一场场永不褪色、永不疲惫的歌舞升平，让人流连忘返。

而清晨的南京路，与夜晚的灯火璀璨相比，真是两个世界。就像《夜上海》的歌词："换一换新天地，别有一个新环境。回味着夜生活，如梦初醒。"南京路两边的商店门窗紧闭，摩肩接踵的游客不见了踪影，却依然热闹非凡，人们有的跳交谊舞，有的打太极拳，有的溜滑板，这里俨然成为一座开放的大公园。

While the elevated transit system, the subway system and the F1 Racetrack represent the new speed of Shanghai city, the Nanjing Road indicates the tempo of the city, which is slow, but lively.

Trade and commerce have been the lasting theme of Nanjing Road. In the east is the pedestrian street, overcrowded all year round. It has gained the reputation as the busiest street in the Greater Shanghai. At night, Nanjing Road appears most romantic and enchanting with colorful lights glistening and shimmering everywhere. Tourists and residents indulge in shopping and window-shopping around. People walk and wander carefree as playing lead roles in a movie or becoming harmonized with the picturesque streetscape.

Early in the morning, it's totally another world in Nanjing Road. The shops are still closed, and the tourists gone. Nevertheless, it remains lively with people dancing, practicing Taijiquan—a kind of traditional Chinese shadow boxing, or going skateboarding. Sure enough, the early morning has wakened Nanjing Road as a park open to citizens.

P306~307：傍晚华灯初上，深蓝色的天穹下，南京东路步行街华美幽长。聚光灯下的这座老牌百货大楼，外墙已还原为上世纪三十年代的装饰艺术风格，内部则成为一个时尚动感的购物休闲中心。

P308~309左、右：南京路步行街，依然保留着前摩登时代遗留的街道气氛与性格。独自在〝大马路〞上优哉游哉地闲逛，张望川流不息的人海，难免有一些疏离之感。

**本页上、下**：坐在南京东路河南路口的弘伊广场7层楼，透过玻璃看外滩建筑层叠错落，陆家嘴高楼鳞次栉比，新老建筑参差错杂。

P312：骑车人横向穿越步行街，增添了动感。

P313：老牌百货公司在建筑高度上争相比攀，华丽的塔楼一幢高过一幢，争奇斗艳的外形互不相让，造就一种喧闹拥挤的街道氛围。

**本页左上、右**：在南京东路步行街的结尾，结合地铁下沉广场，新辟一处开敞高起的公共绿地。四周林立的摩天大楼，成为这块疏朗绿色空间的城市背景。

**本页左下**：绿地对面，大光明影院沿街伫立，在夏日初阳的映照下，呈现出一种少有的澄明气象。

左：这片绿色空间，为密不透风的南京路留出一段豁口，为周边的高楼提供了观赏的距离和层次。广场上深浅不一的黄石垒墙分隔空间，与大马路对面经典建筑的外墙色调，形成一种呼应与对话。

右：广场对面，金门大酒店的鎏金圆顶花岗岩塔楼高高耸立，市百一店的米黄色釉面砖外墙端庄典雅。

左：南京路，成都路口的上海美术馆，由跑马总会大楼演变而来，新古典主义的外观气质高雅，成为上海的文化标识。这是美术馆室外的一处木造斗拱装置。
右：攒尖瓦顶钟楼高耸蓝天。

南京西路、石门路交汇处的公寓大楼，沿道路呈优美
的弧线布置，精美的砖砌装饰效果，在路口转角构筑
起醒目的视觉节点。

南京路是上海浦西建筑的〝竞技场〞。20世30年代的远东第一高楼〝国际饭店〞，80年代的〝上海商城〞，新世纪的〝恒隆广场〞，无不成为浦西的时代地标。

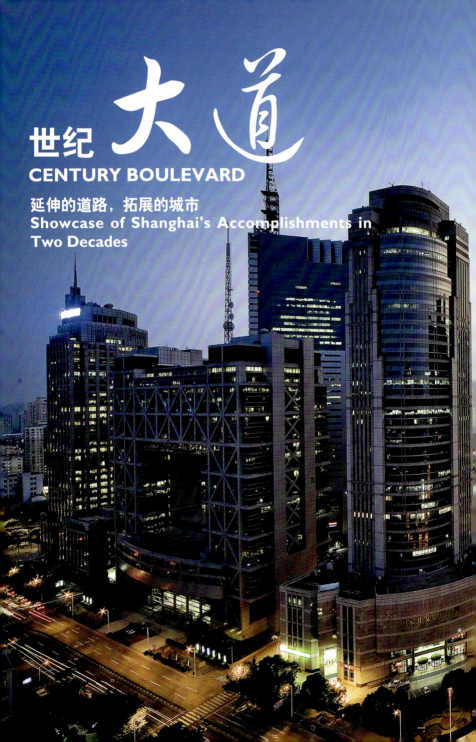

# 世纪大道

## CENTURY BOULEVARD

延伸的道路，拓展的城市

Showcase of Shanghai's Accomplishments in
Two Decades

无限延伸的公路和无限扩大的城市联系在一起。

世纪大道，诞生于浦东飞速发展的"美好年代"，横贯浦东的中心地带，西起陆家嘴，东至浦东文化广场，占有得天独厚的天时地利条件。

世纪大道，同浦东的发展紧密相联。始于上世纪90年代的浦东大开发，迎来了上海城市发展史上的春天，曾经的乡郊野土，陡然升格为上海的新兴城区，迫切希望构筑摄人心魄的建筑空间，用更宏伟的空间语言来展示自己，高调宣示自己的存在。于是，浦东聚集了大上海最高的摩天楼，最密集的大厦，最宽的马路，最大的公园，最知名的公司，最有活力的人才，短短20年时间里，浦东崛起，成为一座围绕商务和财富的国际金融城。

世纪大道，虽然定位为城市景观大道，虽然由法国公司提供设计方案，希望打造"东方的香榭丽舍大街"，但就其结果，与世界最美丽的散步大道相去甚远。法国的香榭丽舍大街，巴黎的城市名片，集高雅及繁华，浪漫与流行于一身，不长的街道却拥有百年历史积淀，舒适而优雅，值得细细品读、慢慢游走。而眼前的世纪大道，则有着完全不同的风格，它是浦东迅速崛起的城市名片，代表了速度与高效，也带有新城浮夸和炫耀的表情。它的一端是摩天大楼林立的国际金融中心，金茂大厦、环球中心、金融大厦等，它的另一端是浦东的文化中心，上海科技馆、东方艺术中心、世纪公园等环立广场，这里已成为世界建筑大师们比拼想像力的舞台：或追求高度，越高越有震慑力和统治力；或追求夸张，怪异的造型像个黑洞，吸引所有的目光和注意力；或展示大气，平展舒缓延伸，彰显淡定从容和天地宽广。

如今，世纪大道已成为上海向世界展示它20年来傲人成就的橱窗。它的起点，具有雕塑感的东方明珠电视塔傲立于黄浦江畔，国际金融中心塔楼林立；它的终点，金属张拉网架雕塑"东方之光"斜插入地，文化广场大气开阔。世纪大道，它不仅是浦东的窗口和形象，还是上海这座国际大都市想像的翅膀，承载了城市美好的未来。

Born out of the Golden Age of Pudong Development, the Century Boulevard starts from the Lujiazui westward and ends at the Pudong Culture Plaza eastward. The Boulevard is home to the highest skyscrapers, the largest park, and the most famous enterprises in Pudong New Area, Shanghai.

Though it was expected to be a cityscape boulevard like the Avenue des 'Champs–Élysées in Paris, the Century Boulevard has turned out to be a strikingly unique avenue representative of high speed and efficiency though tainted with vanity and extravagancy. The Boulevard is lined with avant-garde buildings like the Shanghai Science and Technology Museum, the Oriental Art Center, the Century Park, etc. It has become a stage for great architects and architecture, and more importantly a showcase for Shanghai to exhibit its 20-year accomplishments to the whole world.

P326～327：夜色中的陆家嘴世纪大道，璀璨奇异，充满动感，这里是浦东梦开始的地方。

**本页左**：定位于城市景观大道的世纪大道，宽阔的绿化和人行道比车道还宽，行人、车辆和街道建筑和谐共处。

**本页右上**：世纪大道北侧人行道上有八个小公园。

**本页右下**：世纪大道旁的园林小景。

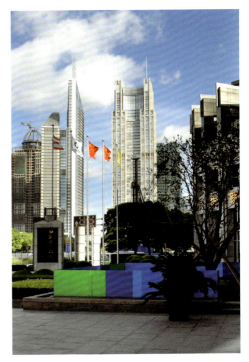

从世纪大道尽端的世纪广场回望。

本页左上：广场北侧，绿树掩映下的上海东方艺术中心。

本页左下：广场入口处的柱阵。

本页右：广场南侧的上海科技馆，如同一弯月牙，轻盈剔透。

P334上：上海东方艺术中心，外形宛若一朵美丽绽放的花瓣。

P334下：透过柱阵回望世纪大道。

本页左：世纪广场与周边高楼。

本页右上：世纪广场东侧的世纪公园。

本页右下：通向世纪公园的景观步行道。

P338～339：从高处俯瞰世纪广场，月牙般蜿蜒的上海科技馆与浦东行政中心遥遥相对，上海东方艺术中心犹如绽放的蝴蝶兰花瓣，与行政中心比邻而立。世纪大道、世纪广场、世纪公园，延伸着浦东的世纪主轴线。

高架，是上海中心城区再熟悉不过的风景。高悬空中的道路，巨大粗壮的混凝土柱墩，如同悬吊在钢筋混凝土森林中的巨型蜘蛛，沉重、压抑，适合将大都市怪诞的一面无尽延伸。它与地面的城市干道，地下的轨道交通连成一体，共同构筑起大都市的大动脉。

上海高架，起始于20世纪九十年代中，是大上海重振雄风，跻身世界一流都市的前奏。贯穿市区的成都路高架（南北）和延安路高架（东西）与内环高架路相连，形成一个贯穿市区东西南北中的"申"字形大格局，一个覆盖中心城区的城市立体交通网络。

而"申"字形高架路网的中心和制高点，就在南北、东西高架交汇点上。在延安路成都路交叉口抬头仰望，东西、南北高架，强劲的大弧线，聚巧势而展形，盘旋而上，层叠穿插，又纵横而去。似乎为了更醒目地标识这聚合的高潮，在其身段下面，巨大的圆形高柱妆以银底金纹的龙纹。要知道上海高架路有成百上千个支柱，无一例外都露着清水混凝土本色，唯有这一根，作为上海新动线的中心，聚中为尊，蕴藏了特别意义。

高架，也是一道流动的城市观景台。在高架上行驶，可以保持恰当的距离，以平等的视角观察这座城市。在高架粗犷、简直、强劲的线条下，是老弄堂的委婉曲折细碎，或是新式住宅的略廓，枯乏和单调，间或有办公楼的干净利落。但它们终被淹没在那些粗暴、有力、决断、洪流般的线条之中。在这网状的流动线中，城市集聚的动力、巨大的密度和活力、多样的单体建筑和丰富的城市空间，浮光掠影般——呈现。

Elevated roads lie everywhere in central Shanghai city. The highly suspended roads, sturdy and steady, are connected to the main streets on the ground and metro lines under the ground.

The elevated transit system of Shanghai began construction since the middle 1990s. As a solid metropolitan transport network, it consists of a vertical line, a horizontal line and a loop line, which make up a shape of the Chinese character "申" and cover the whole central urban area.

At the very center of this transit system stands a giant pillar decorated with the relief of a golden dragon against silvery backdrop. Since the pillar lies at the core of Shanghai's new transit system, the venerable pattern truly means a lot to this city.

The elevated transit is a mobile observation deck of gorgeous cityscape. With that height and speed you may never catch sight of anything but the waning alleys and lanes, the uniform residences and even occasionally the clear-cut office buildings.

高架 环线
ELEVATED RING ROADS
大上海，大动脉
Greater Shanghai, Grander Arteries

虹桥枢纽的内部。

虹桥枢纽的室内中庭，一个宏大的共享空间，柔和的自然光线自顶棚直泻而下，贯通至地铁站台，营造出明亮通透的空间效果。

上：虹桥机场跑道。

下左：虹桥机场入口。

下右：通向机场的高架道路。

从地图上来看，浦东位于上海的最东边，浦东国际机场，是大上海连接世界的门户，而虹桥位于上海西边，正处于沪宁铁路、沪宁高速和沪杭铁路、沪杭高速在上海的交汇点上，是上海面向长三角的最佳门户。

从空中俯瞰，拔地而起的虹桥枢纽，就像一架在跑道上等候的"飞机"，西交通中心、高铁车站、磁悬浮车站、东交通中心组成了这架"飞机"修长的机身，而向东伸展的新航站楼则是这架"飞机"漂亮的"机尾"。整架"飞机"匍匐大地，面向长三角，带领21世纪的上海驶入新的腾飞跑道。它又像是一艘能够上天入地、垂直叠合的"超级航母"，飞机、磁悬浮、高铁、城铁等对外交通工具，和地铁、巴士、高架道路等市内交通设施无缝对接，同一场所融合了各种交通方式，集结了多元化的出行工具。从天桥俯瞰：新航站楼前飞机排列紧凑整齐，起落有序；飞机腾空之下高速列车飞驰而过；从航站楼到高铁站到地铁站，旅客川流不息；错综复杂的高架道路直接伸入枢纽腹部。虹桥枢纽，宛若长空中一道彩虹之桥，连接长三角，连接中国，连接世界。

自古以来，商以站兴，贸以港兴。庞大的交通枢纽带来涌动的人流，继而吸引物流、商流、资本流滚滚而来，城市功能汇聚浓缩，交通枢纽与城市可持续发展之间保持着良性互动的关系。虹桥枢纽的西面是开放区，交通枢纽的效能也将被无限放大，枢纽、商务区、贸易中心，上海国际贸易中心将完美地嫁接到虹桥综合交通枢纽之上。今后，可以预见的以"超级车站"为中心，融合商业商务功能，聚合世界级企业研发机构、总部、现代服务公司、金融机构、物流配送中心、包装加工区、展销中心、仓储批发中心、购物中心，同时还拥有充足的景观开放空间和环境清新的花园主题广

场，最终成为一个充满活力的新城区中心。这一项目的开发建设还将持续20年甚至更长，为上海的未来开启无限可能。

The Pudong International Airport connects Shanghai to the world, while the Hongqiao Integrated Transport Hub located in the west of Shanghai serves as a gateway for the Yangtze River Delta.

A bird's-eye view of the Hongqiao Transport Hub reveals its shapes like an aircraft waiting for the order to take off. This magnificent "aircraft" is composed of a high-speed rail station, a maglev station, two traffic centers (east and west) and two terminals.

Transport stations and harbors always promote towns and cities ever since the ancient times. An integrated transport hub can facilitate the passenger flow resulting in the prosperous flow of commodity, capital and trade. To the west of the hub lies the development zone built to enhance the efficacy of Hongqiao Transport Hub. In the future, an international trade center will be established in the Hongqiao area. The center is expected to be fully integrated into the transport hub. The large project will last another 20 years or even longer, thus leading to unlimited possibilities.

虹桥 **枢纽**
HONGQIAO HUB

新世纪，新引擎
New Engine of Shanghai

P350～351：覆盖中心城区的「申」字型高架道路，是一种充满动感的意象。错综交叉的曲线充满动感与活力，象征着大都市无休无止的快节奏。

P352～353：站在新锦江屋顶的旋转餐厅，俯视东西、南北高架盘旋交错的场景。

**本页上**：西藏路口延安路高架下，人行天桥创造了新的城市视角。

**本页下**：这座人行天桥，把延安路两边的上海音乐厅和人民广场连在一起。

P356～357：延安路成都路口，高架旁的绿地，高架下的天桥和马路。

**本页**：凌空而立的高架路已然成为上海城市交通的必需功能，组成了现代而张扬，庞然而错综的城市景观。

# FI
## FI ARENA

新上海的速度与激情
Speed and Passion of New Shanghai

FI来到上海，也带来了这项运动的速度与激情。起跑线前，群雄争霸，一触即发，咆哮轰鸣的引擎此起彼伏。发令枪响，飞车狂飚，那震耳欲聋的引擎，那风驰电掣的瞬间，让人目瞪口呆、凝神屏息、血脉贲张、最后为之疯狂喝彩。从咆哮轰鸣的引擎中，从飞车狂飚的超凡奇景中，可以体味激情绽放处汪洋恣肆的感觉，这激情显现的光华正是我们神往的高度和亮点，可以穿越肉体极限抵达超越的生命赞歌。

FI来上海，也带来了这项运动的浮华和喧嚣。每年的FI比赛就像一场奢华派对，上海国际赛车场在短短的3天赛事里，俨然成为一个盛大的节日舞台。20辆顶尖超酷的赛车、人山人海的各国观众，还有纷至沓来的达官政要、社会名流，轮番上场的主题车展，声势显赫的推广活动，这样的壮观场面，即便在上海这样的国际大都市也是难得一见。

但在歌舞升平、飞车狂飚的景象之下，除了转瞬即逝的东西，还有一些东西凝固。FI来上海，促使气势恢弘的FI上海站赛场横空出世，屹立于上海西北的国际汽车城，成为上海新的标志建筑之一："上"字型的主赛道，急速直道与多变弯道组合，婉转延伸；巍峨的主看台、清水混凝土砌筑，既粗犷又细致，在冷冷的青灰色调中，蕴藏着狂炽的激情；主看台

上两根红色的擎天立柱，副看台上亭亭玉立的荷叶顶膜结构，带有传统中国的典型意象；生活区小桥流水，在喧闹飞速的世界里寻一个宁静惬意的小岛。赛道的9种组合变化，可以举办各种级别的汽车场地比赛；而赛车俱乐部、卡丁车场、测试中心、驾车学校、汽车品牌展示与互动，延伸着赛车场功能，这里是大上海的汽车运动圣地。

The FI Race has arrived in Shanghai, with the speed and passion of this game. At the same time there has arrived the vanity and clamor. During the 3-day race period, the Shanghai International Circuit becomes a magnificent festive arena, which attracts 20 top-class racing vehicles, celebrities and audiences from all over the world. That is really a rare spectacle even in Shanghai.

Behind the glamour there's something unchanged, viz. the International Circuit added to the collection of icons in Shanghai.

上：气势恢弘的F1上赛场横空出世。

下：F1赛车场的“上”字型的主赛道，急速直道与多变弯道组合，婉转延伸。

清水混凝土砌筑的主看台，高大粗犷。缤纷绚丽的座
椅，象征着赛车运动的狂炽激情。

**本页**：相比主看台高大厚实的清水混凝土顶棚，副看台的白色遮阳膜结构，亭亭玉立、轻盈美丽。

**P368**：从FI赛车场副看台回望主看台，两根红色的擎天立柱，带有传统中国的典型意象。

**P369上**：进入主看台的小通道。

**P369下**：副看台上，亭亭玉立的荷叶顶膜结构错落有致，现代又传统。

左：从管理区看主看台。

右上下：主看台混凝土顶棚上的彩色天窗。

洋山港
**YANGSHAN PORT**

名归实至的海上海
**Shanghai a Well-Earned Port City on the Sea**

风平浪静的大河河口，容易做出锦绣文章。舟楫之便，往往带来繁荣。百年来，处在中国的南北之中，江海之汇的上海就在黄浦江里做足了文章。依托着黄浦江以及通江达海的便利，成为当时远东闻名的经济、贸易和金融中心。但河口也是一道难以逾越的坎，有限的水深，阻碍了上海向更高层次的枢纽港转变。洋山港，这个20世纪初在外海孤岛上建成的深水港，以上海为中心，江浙为两翼，让上海跳出了黄浦江和长江口，标志着这个东方大港由江河时代迈入海洋时代。上海成为国际航运中心的梦想开始照进现实。

洋山港区，位于杭州湾口外，由大、小洋山等数十个默默无闻的外海孤岛组成。港区以岛为基，围海筑堤、吹沙成陆，成千上万立方米的海沙，吹填出了一大片陆域港区。镶嵌在万里长江入海口的崇明岛，由长江下泻的大量泥沙在江海交互作用下不断积加而成，它从露出水面到最后形成大岛，经历了千余年的涨坍变化，是个漫长的自然演变过程。而洋山港的吹沙成陆，则是依照人类描绘的宏伟蓝图，在短短几年间，在茫茫东海上，完成的宏大的人工填海工程。传说中的精卫填海，有了现实中的写照。

港区与大陆的碧海之间一桥飞架，气势恢宏的东海大桥一头挑起"东海明珠"洋山岛，另一头连接临港新城，直抵上海腹地。作为洋山港区连接上海陆地的唯一通道，东海大桥就是上海国际航运中心的一条大"动脉"。两座主塔高耸海中，呈雄伟的"人"字型，支撑起无尽延伸的大桥；蜿蜒长桥绵延不绝，好似通向世界的尽头；大桥两边视野开阔，一望无际的大海中，白色的风车星星点点，灰白的桥身海天一色……

洋山港，中国首个在海岛建设的港口，

无论是战略定位、建设目标还是发展模式都体现了国家战略，蕴涵着国家意志。从洋山深水港的硬件设施，到洋山港保税区的软环境，再到临港新城的配套生活服务设施，无不是世界一流，它为上海建成国际航运中心乃至国际经济、贸易、金融中心奠定了坚实的支撑。洋山港的集聚与辐射作用，让上海与世界的连接更为开阔，让整个长江黄金水道与世界的连接更加紧密。上海，海上海，从此名归实至。

A peaceful river estuary would easily bring prosperity, and this makes a suitable port of great importance to the estuary city. The Yangshan Port which was founded at the beginning of this century symbolizes the Marine Times of Shanghai.

The Yangshan Port area lies close to the Hangzhou Bay and consists of scores of unknown islands. Chongming Island is the outcome of the natural evolution for over one thousand years, created by the flowing and winding sands from upstream Yangtze River. In contrast, Yangshan Port is established by completing the reclamation project on the East China Sea (or Donghai). The Donghai Bridge links the port area and the mainland together.

Yangshan Port, China's first port built on an island, has world-class facilities in all aspects. The port represents the national strategy and will in terms of strategic orientation, development goal and pattern. It is bound to provide substantial support for Shanghai as an international shipping center and an economical and financial center. Thus, Shanghai will earn its reputation as the true port city on the sea.

上：洋山深水港，以岛为基、围海筑堤、吹沙成陆，成千上万立方米的海沙，吹填出具有国际水准的深水港港区。

下：码头边，巨型塔吊一字排开，集装箱码放整整齐齐。

**左**：洋山深水港的管理用房与灯塔遥遥相对。

**右上**：乱石岗上，灯塔高耸。

**右下**：管理用房入口雨棚，轻盈剔透。

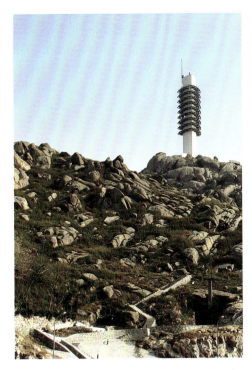

本页上：港区道路向茫茫大海无尽延伸。

本页下：管理用房建在小岛基石上。

P380上：海面上，高达百余米的白色风车徐徐转动，强大的电流源源输入电网，俨然是上海清洁能源的蓝海。

P380下：碧海滔滔，一桥飞架，气势恢宏的东海大桥，宛如一道海上长虹，把孤悬外岛的洋山深水港区和大陆连接起来。

# 后记:
# POSTSCRIPT:

做一本关于上海的书,以城市与建筑为主题,记录下这些年上海的城市变化,这是多年来的想法。对于上海这座城市,始终会有新的发现与惊喜,我们希望选择不同的立场与视角来阅读上海,发现上海的另一面,可以是在浦江轮渡上,在环球金融中心的顶层,在弄堂,在街道,在餐厅……,这是对上海的解读与感悟,是一种能够不断更新的累积,如同24小时周而复始的更替。

许多人对于本书能够付梓作出了贡献。特别感谢凌琳、何如,由于她们的参与,确立了本书的主旨和结构。也要感谢董艺、田丹妮、陈淳、戴春,她们对于图书的编写,给予很大的支持与帮助。

For years I have been planning to write a book about Shanghai, which is centered on city and architecture, recording the historical transformation and recent changes of the metropolis. Shanghai always takes us by surprise with new discoveries and developments. Thus, we prefer to observe the city and explore the extraordinary facets of Shanghai from diverse viewpoints. We may carry on our journey of discovery on the ferry of Huangpujiang River, on the top floor of the World Financial Center, in an alley, in a lane, or in a restaurant. Whatever the viewpoint is, we have been appreciating and interpreting Shanghai during an updating and cumulative process, just as the cyclic substitution in 24 hours every day.

I owe a debt of gratitude to many contributors to this book. Especially I would like to thank Ling Lin and He Ru who have participated in finalizing the subject and structure of this book. Many thanks also go to Dong Yi, Tian Danni, Chen Chun and Dai Chun for their great support and assistance during the compilation and publication of this book.